커피가 세상에서
사라지기 전에

● 이 책은 핀란드 문학교류협회의 번역비 지원을 받았습니다.

● This work has been published with the financial assistance of FILI
 – Finnish Literature Exchange.

페트리 레파넨·라리 살로마 지음

정보람 옮김

커피가 세상에서

사라지기 전에

KAHVI-
VALLAN-
KUMOUS

기후변화와 커피의 미래

열린세상

세계 커피벨트

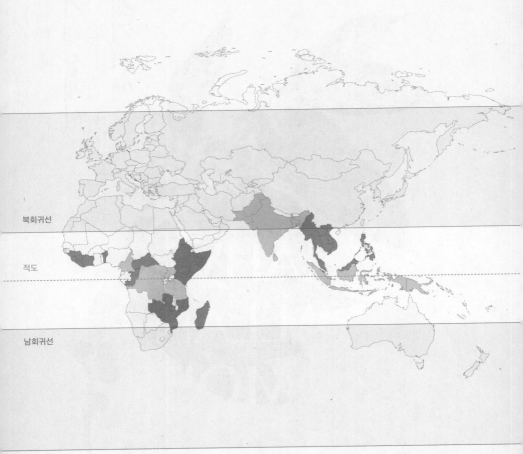

북회귀선

적도

남회귀선

로부스타Robusta   아라비카Arabica

로부스타+아라비카

북회귀선

남회귀선

브라질 커피벨트

바이아

미나스제라이스

리우데자네이루

상파울루

모코카

↑ 브라질 스페셜티 커피 농장 파젠다 암비엔탈 포르탈레자FAF의 펠리
페 크로체, 실비아 바헤투, 마르쿠스 크로체 가족.

↓ '쌀먹이새 커피Bob-o-Link' 협동조합 조합원과 가족들.

↑ ↓ FAF의 본채는 열대우림과 생두 건조대에 둘러싸여 있다. 그 외의
　　건물은 커피나무들 사이에 흩어져 있다.

→ 　FAF에서는 다양한 커피 품종의 재배 조건을 바꿔 성장을 관찰하
　　고 있다. 각 품종에 좀 더 적절한 환경을 찾기 위한 목적이다.

↑ ↓ 펠리페와 마르쿠스는 각국을 돌며 지속 가능성과 유기농 재배에
관해 이야기한다. 2015년 8월 스톡홀름 커피 페스티벌에서.

↑ 크로체가 사람들은 셰이드 트리의 중요성을 여러 번 강조했다.

↓ 커피 모종은 직사광선이 내리쬐지 않는 곳에서 어느 정도 키운 다음 옮겨 심는다.

←　↑ 커피체리의 익은 정도(숙성) 차이. 노란색과 빨간색은 다른 품종이
　　 다. 어떤 품종이든 녹색은 익지 않은 것이라 아직 손으로 딸 때가
　　 아니다.

← ↓ 건조대에는 이미 가공이 끝난 커피체리가 있는가 하면, 햇빛에 건
조하기 위해 과육과 껍질이 그대로 붙어 있는 커피체리도 있다.

**차
례**

（3부）

적을수록 풍요롭다

최근 몇 년 새 커피는 우리의 일상에 없어서는 안 될 존재가 되었다. 현대인에게 커피는 그저 각성효과를 내는 검은 음료만은 아니다. 커피는 기후변화의 지표로, 새로운 혁신의 대상으로, 정신없는 일상의 진정제로, 심장 건강에 효과적인 기능성 음료로, 한편으로는 심장마비의 원인으로 언제 어디서든 나름의 역할을 해왔다.

2015년 5월, 우리는 헬싱키 시내 뿌나부오리 지역의 한 멕시칸 레스토랑에서 점심을 먹으며 이런 이야기를 나눴다. 유흘라 모카Juhla Mokka와 쿨타 카트리나Kulta Katriina(핀란드의 대중적인 필터 커피 브랜드—옮긴이)가 일반적인 커피라고 생각하는 사람들에게 보다 지속 가능한 방식으로 생산된 스페셜티 커피Specialty Coffee를 알려주자! 우리는 중년으로 접어든 힙스터들처럼 세상을 보다 살기 좋은 곳으로 만들자는 생각과 친환경의 삶, 지속 가능한 발전과 기후변화에 대해 수다를 떨었다.

진지하게 말하기엔 낯간지러운 것들이기도 했지만, 중요한 이야기라고 느꼈고 우리가 할 수 있는 것도 있지 않을까 싶었다.

라리는 커피업계에서 일한다.

페트리는 출판업계에서 일한다.

우리는 학창시절 룸메이트로 커뮤니케이션학을 공부했고, 밴드 활동도 함께했다. 오랫동안 여러 가지 사회 문제에 대해 의견을 나눴으며, 때론 서로 반대편에 서서 토론하기도 했다.

우리가 책을 내지 않으면 누가 낼까? 지금까지 세상에 나오지 않은, 커피에 관한 책을 쓸 수 있지 않을까? 우리는 마주보며 고개를 끄덕였다.

비관적인, 혹은 현실적인 미래학자들이 30년 후 '커피가 없는 미래'를 그리는 바로 지금이 행동에 나서야 할 때다. 기후변화로 농지가 줄어드는 한편, 차를 마시는 문화권에서도 커피의 수요는 증가하고 있다. 계속 커피를 마시고 싶다면 우리는 커피와의 관계를 바꾸어야만 한다. 커피의 원산지와 재배 환경, 지속 가능성에 관심을 기울일 필요가 있다. 양이 적더라도 더 나은 커피를 마시는 쪽으로 선회해야 한다.

처음에는 우리가 어디로 향하는지 몰랐지만, 적어도 스톡홀름과 상파울루는 그 목적지 중에 있었다. 이렇게 완성된 책을 받아보니 FAF의 풍요롭고 건강한 땅 냄새가 풍기고, 오래된 나무 아래에서 들었던 마르쿠스의 따뜻한 목소리가 들리는 듯하다.

이 책을 쓸 불꽃을 지핀 멕시칸 레스토랑에서 나눈 생각은 지금도 변하지 않았다. 한 사람 한 사람의 작은 행동에서부터 큰 변화의 물결이 시작되기 때문이다.

역사의 뿌리와 날개

1부

우리는 브라질 상파울루 주 모코카에 있는 멋진 목
조 건물의 넓은 거실에 앉아 있다. 식민지 시대 양식으로 지
어진 이 건물은 브라질의 스페셜티 커피 농장 파젠다 암비엔
탈 포르탈레자Fazenda Ambiental Fortaleza, FAF(이하 FAF)의 본채이
자 실비아 바헤투와 마르쿠스 크로체 부부가 농장에 머물 때
지내는 집이기도 하다. 건물의 높은 벽에는 포르투갈 식민지
시대의 역사가 살아 숨 쉰다. 당시 배를 통해 브라질로 들어
온 노예의 수는 미국보다도 많았다. 벽에는 농장을 번성시킨
일꾼들과 바헤투 가문의 사진이 담긴 액자가 잔뜩 걸려 있
다. 책장에는 고전문학과 역사서로 가득하고, 튼튼한 수제 그
릇장 안에는 오래된 그릇들과 아마도 실비아가 어린 시절 처
음 커피를 맛보았을 때 사용했을 포슬린 컵들이 들어 있다.

이 건물은 그 시대 건물 치고는 매우 튼튼해서 강력한 천재지변은 물론이고 일꾼들의 반란이나 도적 떼의 공격에도 집주인 가족을 지켜주었을 것이다. 지하실에는 오래된 와인 저장고와 비상문이 있다. 원목으로 된 문들은 그 높이가 3미터에 이르는 데다 매우 무거워서 요즘은 대개 열어둔다. 창문에 달린 나무 블라인드는 하루 중 가장 더운 시간대에도 실내에 기분 좋은 서늘함을 선사한다. 실비아의 매력적인 성격과 가구를 향한 세심한 관심이 따뜻하고 쾌적한 인테리어에서 드러난다. 창문으로 드나드는 벌새마저도 크로체 가족의 일부처럼 자연스럽게 건물에 머문다.

밝게 부서지는 한낮의 햇빛으로 가득한 거실에 앉아 있는 지금 이 순간이 마치 축제의 한 장면 같다. 우리는 이 건물의 주인이자 상속인인 실비아의 초대를 받았고, 곧 그녀의 이야기를 듣게 될 것이다.

하지만 우리는 먼저 커피의 역사, 특히 브라질 커피의 역사에 관한 이야기를 할까 한다. 거기서 바헤투 가문과 크로체 가족의 존재는 일부분에 지나지 않기 때문이다. 사실 꽤 뚜렷한 존재감의 일부이긴 하지만.

커피벨트에서
유럽의 카페까지

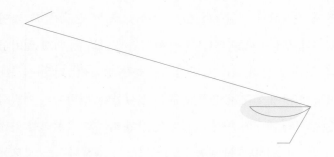

혁명을 원한다면 얕게나마 역사를 알 필요가 있다. 어떤 풍차에 맞서는지, 창을 들지 아니면 펜을 들지, 브라질로 갈지 케냐로 갈지 모르고서는 싸움에 나서기 어렵다. 핀란드 사람인 우리는 브라질을 골랐다. 세계에서 1인당 커피 소비량이 가장 많은 나라의 국민으로서 세계에서 커피를 가장 많이 생산하는 나라를 연구하기 위해 방문한다는 것이 꽤 멋진 생각 같았다.

커피의 기원에 대해서는 많은 이야기가 있는데, 모두 커피라는 '음료'에 관한 것은 아니다. 공통점이 있다면 커피가 에티오피아에서 왔으며, 그곳 부족들이 이 열매의 각성효과를 약 1,000년 전부터 효과적으로 이용했다는 것이다. 그들은 커피 과육을 동물의 기름에 섞어 일종의 에너지바를 만들었다.

　　750년경 에티오피아의 칼디라는 목동이 커피 나무의 열매를 먹고 밤을 새우는 염소들을 발견한 데서 유래했다는 설도 있다. 칼디는 직접 커피 열매를 먹어보았고 각성효과를 얻었다. 소문은 점차 목동 무리 바깥으로 퍼지기 시작해 근처 수도원까지 이르렀다. 수도승들은 이 새로운 원기회복제에 관심을 가졌으나 곧 흥미를 잃고 남은 열매를 불길에 던져버렸다. 이때 그을린 원두에서 감각을 사로잡는 향이 피어올랐다. 열매의 가치를 다시 생각하게 된 수도승들이 커피 열매를 불길에서 건져 재를 씻어내기 위해 뜨거운 물에 넣으면서 역사가 시작되었다.

　　우리는 이후에 다른 지역에서 '목동 칼디'와 놀라운 재회를 했다.

　　커피 재배에 관한 초기 기록은 1400년대 예멘에서 찾을 수 있다. 커피가 어떻게 아랍인들의 잔에까지 이르렀는지는 정확하지 않다. 가설 중 하나는 커피가 아프리카 노예들과 함께 아라비아반도에 전해졌다는 것이다. 또 다른 설은 이슬람 학자가 직접 아프리카에서 가져왔다는 것이다. 단순히 교역의 증대로 커피가 들어왔다는 주장도 있다. 어쨌거나 커피는 주류를 금하는 이슬람 문화에 아주 적합했다. 밤새 계속되는 기도 시간에 각성효과로 도움을 받은 이슬람 수도 승들은 커피의 선구자 역할을 했다. 결국 카페는 아랍인들에게 문화의 중심지가 되었고, 시간이 흐르면서 순례자들을 따라 세계 각지로 퍼져나갔다.

커피는 두 가지 경로를 통해 유럽으로 전해졌다고 한다. 서유럽에는 주로 막강한 상선으로 이름을 날린 네덜란드를 통해 1600년대에 전해졌다. 영국과 프랑스에는 다른 이야기가 전해지지만, 이 '검은 황금'은 예멘의 모카에서 범선을 타고 아프리카 대륙을 돌아 전해진 것 같다.

이탈리아인들이 네덜란드인들보다 앞섰을 가능성도 있다. 베네치아 상인들은 이미 1615년에 이집트로부터 지중해를 가로질러 커피를 운반했기 때문이다. 커피는 베네치아에서 술과 초콜릿과 어깨를 견줄 만한 존재가 되었다.

유럽의 대도시에도 점차 카페가 들어서기 시작했다. 런던에 최초의 카페가 등장한 것은 1652년이다. 파리에는 1669년, 스톡홀름에는 1708년에 첫 카페가 문을 열었다. 핀란드의 소도시 투르쿠에도 1778년에 카페가 생겼다(이 시기 핀란드는 스웨덴의 지배 아래 있었으며, 스웨덴과 지리적으로 가까운 투르쿠가 중심지 역할을 했다—옮긴이). 당시 유럽은 알코올 중독과 통풍, 천연두에 커피가 효과적이라고 믿었다.

커피 재배는 1700년대에 식민지화와 함께 동아시아

와 남미로 퍼져나갔다. 세계에서 커피를 가장 많이 생산하는 브라질의 파라이바 계곡에서는 1774년에 커피 재배가 시작되었다. 이후 브라질에서는 커피 생산량이 급격히 증가했는데 그 배경에는 암울한 역사가 있다. 이 무렵 150만 명가량의 노예들이 경작을 위해 브라질로 강제 이주당했다. 노예제도는 1888년에야 폐지되었는데, 이미 브라질이 커피 생산국으로서 강력한 지위를 확립한 뒤였다. 오늘날 브라질은 전 세계 커피 수확량의 3분의 2를 담당하고 있으며, 필터 커피의 대부분을 차지하는 아라비카 원두의 절반이 브라질에서 생산된다.

아프리카에서 시작해 세계로 퍼진 커피는 1800년대에 에티오피아, 케냐, 탄자니아에 브라질에서 재배된 것이 역수입되는 형태로 지구를 한 바퀴 돌았다.

커피는 아무 곳에서나 자연적으로 자라지 않는다. 북회귀선과 남회귀선 사이의 적도 지역, 흔히 '커피벨트Coffee belt'라고 불리는 곳에서만 자란다. 커피벨트는 연중 섭씨 20도 이상의 기온을 유지하며, 비옥한 화산 토양에 일조량과 강우량이 적절한 균형을 이룬다.

국제커피기구International Coffee Organization, ICO에 따르면, 커피벨트에 속한 나라 중 생산량이 많은 곳은 브라질, 베트남, 콜롬비아, 인도네시아, 에티오피아 순이다(2018년 현재 통계로는 온두라스가 5위이다—옮긴이). 브라질이 부동의 1위이긴 하지만, 커피 재배가 전파되면서 아시아와 아프리카 국가들도 일부분을 차지하고 있다.

커피 생산국 1위 자리를 유지하지만 브라질의 속내는 복잡하다. 브라질산 커피는 결코 좋다고 할 수 없으며, 브라질의 커피 생산자들은 오랫동안 질보다 양에 중점을 둔다는 평가를 들었기 때문이다. 이런 이미지는 1960년대에 적절한 가격과 시장 안정성을 확보하기 위해 브라질 정부가 시행한 할당제에서 비롯했다. 브라질 커피 농가는 할당량을 채우려고 양질의 생두를 나쁜 품질의 생두와 섞었는데, 1980년대에 와서야 이 제도가 폐지되었다.

영국의 경제지 《파이낸셜 타임스》는 2017년 9월 브라질 커피가 감당하고 있는 낙인과 지속 가능한 커피 농업에 관한 기사를 쓰면서 FAF의 5대째 농장주 펠리페 크로체와 그의 아버지 마르쿠스 크로체를 취재했다. 이 책의 주역이기도 한 크로체 가족은 세계적인 언론과의 인터뷰에서 지금까지 해온 일, 미래에 대한 전망과 그들의 신념을 체현한 농장을 소개하며 지속 가능한 커피 재배의 대변자로 주목받았다.

2017년 봄, 우리가 FAF를 방문했을 때 펠리페는 커피를 내려주며 이런 이야기를 들려주었다. 그는 미국의 대학에서 공부할 때 지도교수에게 부모님의 커피농장에 대해 말한 적이 있었다. 로스터리를 운영하던 교수는 협업 등의 이야기를 꺼내며 흥미를 보였지만, 농장이 브라질에 있다는 말을 듣자 정중하고 단호한 태도로 더 이상 대화를 이어나가는 것을 거절했다고 한다. 브라질산 커피는 좋아하지 않는다는 이유였다.

최근에는 브라질 커피가 맛없다는 선입견도 조금씩 불식되고 있다. 세계에서 커피를 가장 많이 생산하는 브라질은 10헥타르 미만의 소규모 농장이 전체 커피 생산농가의 70퍼센트를 차지한다. 따라서 품질도 다양할 수밖에 없다.

전 세계 커피의 대부분은 서양에서 소비되고, 정작 생산국에는 바닥에 떨어진 찌꺼기만 남을 뿐이다. 그다음으로 품질이 좋지 않고 흠이 있는 커피는 네슬레 같은 다국적 기업의 공장에서 인스턴트커피로 만들어져 서양과 러시아 소비자에게 전달된다.

북유럽으로 갈수록 커피 소비량은 늘어난다. 인구가 적은 북유럽 국가 핀란드는 매년 1인당 10킬로그램 정도의 커피를 소비한다. 그 뒤를 다른 북유럽 국가들이 따르고 있다.

우리는 커피가 어디서 왔는지 제대로 알고 있을까? 아니, 우리가 거기에 관심이 있기는 한가? 우리에게 일상의 즐거움을 선사한 이들은 누구일까? 그리고 우리의 선택은 커피를 생산하는 나라에 사는 이들과 환경에 어떤 영향을 미칠까? 또한 기후변화 앞에서 우리들 한 사람 한 사람은 어떤 역할을 할 수 있을까? 커피를 찾아나선 모험을 통해 우리는 이 질문들의 답을 찾고자 한다.

쌀먹이새의 여행:
상파울루에서 스톡홀름까지

브라질의 커피 생산자 마르쿠스 크로체는 국내외를 가리지 않고 친환경의 복음을 전하는 지속 가능한 발전의 진정한 전도사다. 종종 그와 여행을 함께하는 아들 펠리페는 넓은 시야와 커피에 관한 노하우로 커피업계의 미래를 짊어질 인재다. 이들이 바로 '커피 혁명'의 최전선에 선 사람들이다.

2015년 8월, 햇볕이 내리쬐는 스톡홀름의 커피축제에서 두 사람을 처음 만났다. 이 유기농 농부들과의 만남은 우리가 이 책을 쓰기로 결심하는 데 결정적인 역할을 했다. 스톡홀름이 위치한 스웨덴은 우리와 그들의 중립국이라 할 수 있는데, '커피 혁명은 무엇보다 변화에 선입견 없는 태도를 지닌 북유럽에서 시작되어야 한다'는 마르쿠스의 주장을 고려하면 의미 있는 장소인 셈이다.

요즘은 커피와 관련된 박람회나 축제가 세계 각국에서 개최된다. 이런 행사들은 스페셜티 커피 로스터리, 생산자, 유통업자와의 만남뿐 아니라 고객과 얼굴을 마주 보고 커피를 이해할 수 있는 절호의 기회다. 이런 만남에서 최근 몇 년간 화제에 오른 것이 바로 커피업계의 '제3의 물결third-wave'이다. 원재료로서의 커피에 집중해 재배 지역, 수확 방식과 로스팅이 맛에 영향을 준다는 점을 인식하는 최근의 흐름을 뜻한다. 또한 앞선 물결들에 뒤따르는 자연스러운 현상이기도 하다. 제3의 물결 이전에 있었던 첫 번째 물결은 커피 소비를 늘리고자 하는 것이었다. 당시 커피는 프랜차이즈 카페가 널리 퍼지면서 일상적인 기호품으로 자리 잡았고, 그로 인해 커피를 대량으로 소비하는 문화가 생겨났다. 두 번째 물결에서는 스페셜티 커피의 정의가 정립되면서 고급화된 맛을 찾는 소비자가 늘어났다. 이에 비해 제3의 물결이 가진 특징은 소비자가 커피의 원산지뿐 아니라 로스팅까지 전체적인 과정을 고려해 구매 여부를 결정한다는 점이다. 와인과 수제 맥주 분야에서는 이미 익숙한 현상이다. 이제 커피가 와인에 비견할 만한 취미와 관심사가 되었다는 뜻이다.

스톡홀름에서 들었던 마르쿠스의 이야기는 가슴에 와닿았다. 그의 눈은 반짝였고 입가엔 미소가 어려 있었다. 펠리페는 좀 더 분석적이었는데 아버지의 말을 이어받아 설명을 덧붙이는 그의 목소리에는 젊은이다운 패기가 넘쳤다. 어떤 행사장에 초청받아 가든, 부자는 같은 방식으로 역할을 분담한다. 스톡홀름 커피 페스티벌의 주관사이자 핀란드에도 널리 알려진 스웨덴의 스페셜티 커피 로스터리 요한 앤드 뉘스트룀Johan & Nyström의 라스 필렌그림에 따르면, 크로체 가족의 FAF가 특별한 이유 중 하나는 FAF가 근방의 다른 농장들이 '지속 가능한 커피 재배'이라는 원칙을 지킬 수 있도록 돕고 있기 때문이었다.

아버지와 아들은 지속 가능한 발전을 위한 비판을 아끼지 않는다. 비판의 대상에는 부패한 지역 정치인들뿐 아니라 살충제와 유전자변형작물GMO로 지구를 오염시키는 몬산토 같은 부패하고 탐욕스러운 다국적 기업들이 있다. 또한 이들은 공장형 농장의 기계화된 수확 방식, 검증되지 않은 유기농 재배 인증 마크 시스템, 아동노동과 노예노동을 연상시키는 열악한 환경 속에서 일하는 노동자들의 인권 문제, 수확량에 기반한 가격 결정 방식과 수십 년간 지속된 소비자를 우롱하는 마케팅 등을 문제로 지적한다. 크로체 부자의 이야기에는 언제나 커피와 세상을 지금보다 낫게 만들고자 하는 바람, 변화에 대한 열정으로 가득 차 있다.

스톡홀름의 소규모 양조장의 맥주가 우리의 대화에 날개를 달아주었다. 스톡홀름의 밤은 깊어가고, 우리 주위에는 커피의 미래를 짊어진 젊은이들이 앉아 있다. 커피를 향한 애정과 자기 자신과 주변의 소중한 사람들, 그리고 환경을 지키려는 노력은 우리를 비롯해 커피업계의 새로운 세대가 바라는 커피 문화의 중요한 가치이다.

　　　마르쿠스 크로체의 이야기는 1952년 브라질 상파울루에서 시작한다. 그의 가족은 이탈리아에 뿌리를 두었으며, 브라질에서 노예제가 폐지된 때로부터 시간이 좀 지난 1901년 대서양을 건너왔다. 당시 브라질은 이탈리아와 일본에서 노동력을 수입했고, 마르쿠스의 조부모는 다른 이탈리아인들과 마찬가지로 직업을 구하기 위해 새로운 지역으로 향했다. 그들은 교육을 받은 사람들로서 커피 플랜테이션(주로 열대지역에서 원주민이나 노예의 저렴한 노동력을 이용해 발달했던 농업—옮긴이)에 정착하는 대신 약제와 소매업 분야에서 사업을 시작했다. 마르쿠스는 무역회사를 차렸는데, 여행을 좋아했기 때문이었다. 그는 커피 농부가 될 생각은 전혀 없었다고 여러 번 강조하곤 했다.

　　　"저는 해변을 좋아하는데 농장은 내륙에 있거든요."
그는 씩 웃으며 말했다. 마르쿠스의 무역회사는 전 세계에 브라질의 유리제품, 제빵용 도구를 수출했다. 그는 그 제품들을 "잡동사니"라고 설명한다.

마르쿠스의 부모님은 의사였는데, 그와 두 남동생이 좋은 교육을 받을 수 있도록 지원을 아끼지 않았다. 그 결과 남동생들은 엔지니어가 되었고, 마르쿠스는 사업가가 되었다. 그 시대에 브라질에서 고등교육을 받기란 쉬운 일이 아니었으므로, 마르쿠스는 중산층이었던 자신의 환경을 감사히 여긴다.

1990년대에 들어서면서 브라질 정계는 부패와 추문에 휩싸였다. 시장이 불확실해지고 어떤 규제와 법률이 나올지 알 수 없게 되면서 장기적인 전망을 세우는 게 어려워졌다. 일상이 흔들리자 사람들은 1600년대부터 전 세계의 이민자들을 유혹해온, 기회의 땅 미국으로 눈을 돌렸다.

1991년, 마르쿠스와 실비아 부부도 20년 예정으로 아메리칸드림을 좇아 이주했다. 그들의 세 자녀도 미국 학교에서 교육을 받게 되었다. 마르쿠스는 업무상 브라질을 오가는 한편, 핀란드와 스웨덴 기업들과도 거래하는 등 세계 곳곳을 누볐다.

마르쿠스의 세계, 특히 자연과 그 다양성에 대한 각성은 1998년에 국제자연보호협회The Nature Conservancy 일리노이 지부의 회장이었던 미국인 친구가 그를 이사회 멤버로 추천한 것이 계기가 되었다. 친구는 수출 분야에서 일하는 마르쿠스와 함께 끊임없이 넓어지는 세계에서 협업을 통한 시너지 효과를 얻고자 했다. 구체적인 각성은 어느 작은 새 한 마리에서 비롯됐다.

"처음 만났을 때 새 그림이 그려진 컵을 주더군요. 쌀 먹이새Bobolink였죠. 마침 제가 '쌀먹이새길'에 산다고 했는 데, 그 동네에 사는 누구도 그 새를 몰랐어요." 마르쿠스는 웃음을 터트리고는 물었다. "하지만 왜 쌀먹이새였을까요? 그 새가 매년 브라질과 미국 사이를 오가기 때문입니다. 지 금처럼 미국에서 콩과 옥수수를, 브라질에서 사탕수수와 커 피, 콩을 재배하는 방식이 계속된다면 쌀먹이새는 사라지고 말 겁니다. 지렁이, 꿀벌, 물도 없겠지요. 시간이 흐른 뒤에야 우리도 미국과 브라질 사이를 오가는 쌀먹이새라는 것을 깨 달았습니다."

이내 사업은 단조롭게 느껴졌고, 아메리칸드림의 어 두운 면이 드러났다. 마르쿠스는 삶의 다른 의미들을 추구하 기 시작했다.

"부시 대통령이 이라크전을 시작했을 때 크게 실망 했습니다. 그런 일들이 거슬리기 시작하니 다른 것들에도 의 문이 생겼지요. 제 사업에 만족할 수 없었습니다. 돈은 벌었 지만 그것은 그저 물질적인 부분이었습니다. 제가 사고판 것 은 사람들에게 꼭 필요한 물건이 아니었습니다. 그리고 제가 번 돈은 사실 정말 하고 싶은 일을 하기에는 부족했습니다.

돈으로도 살 수 없는 그런 일들 말입니다. 미국에선 모두 당신이 얼마만큼의 가치가 있는지 알고 싶어 합니다. 사람들은 당신이 얼마나 돈을 벌었는가를 따져서 당신을 인정할지 말지를 판단합니다. 피상적이었고 인간적인 관계도 아니었습니다. 포옹은 진짜가 아니었고, 사실 사람들은 서로의 몸을 건드리고 싶지 않아 했습니다."

마르쿠스가 이마에 난 땀을 훔치며 말했다.

2001년 실비아의 아버지가 사망했을 때, 인생을 바꿔놓을 커피 씨앗들이 마르쿠스의 머릿속에서 싹트기 시작했다. 그는 그동안 미국 사회의 명암을 직접 보았다. 아메리칸 드림을 좇아 미국으로 향했던 마르쿠스는 결국 다른 꿈을 품고 브라질로 돌아왔다.

"실비아에게 아이들한테 두 가지를 주고 싶다고 말했습니다. 뿌리와 날개를요. 농장으로 이주하자고 했습니다. '잘 해낼 수 있을 거야! 5년 동안 커피도 배우고 뭔가를 이룰 수 있을 거야!' 하고 말이지요."

미국에서의 생활은 풍족했지만 그의 가족은 늘 언젠가는 다시 고국으로 돌아가리라 생각했다. 마르쿠스는 전 세계적으로 유명한 〈이파네마에서 온 소녀〉를 작곡한 안토니우 카를루스 조빙의 표현을 빌려 "미국은 멋지지만, 쓰레기

지요. 브라질은 쓰레기지만, 멋져요"라고 말하고는 웃음을
터트렸다.

미국에서 살며 공부한 아이들은 왕성한 호기심을 가
지고 여행하고 세계를 보는, 선입견 없는 세계시민으로 자랐
다. 강한 자존감과 용기, 옳고 그름에 대한 가정 교육은 아이
들에게 날개를 달아주었다. 그러나 뿌리가 없으면 쉽게 소외
감을 느끼게 되고, 자신의 정체성을 찾기 어려울 수 있다.

"그래서 우리는 언제나 아이들이 자신의 뿌리가 브라
질의 풍요로운 토양에 굳건히 뿌리내리고 있음을 잊지 않기
를 바랐답니다. 집은 당신의 심장과 당신의 가족이 있는 곳
입니다. 머리 위에 지붕이 없어도 집에 있는 기분을 느낄 수
있어요"라고 마르쿠스가 설명했다.

가족의 계획에 포함된 적은 한 번도 없었지만, 농장
은 우연하고도 자연스럽게 그들의 소유가 되었다. 마치 모든
것이 이미 예정되어 있던 것처럼.

"장인은 다섯 개의 토지와 회사를 소유하고 있었습니
다. 말하자면 아주 성공한 삶을 사신 분이었지요. 그중 수입
이 있는 네 개의 목장은 문제가 없었지만 커피 농장은 아무
도 가지려고 하지 않았습니다. 여러 가지 책임이 뒤따랐거든
요. 고용에 관한 사회적 책임, 환경적 책임과 거대한 경제적
책임 같은 것들 말입니다. 네 자매가 하나씩 농장을 나눠 가

졌지요. 장모님도 농장이 있습니다. 처남은 돈을 받고 골칫거리를 피했지요"라며 마르쿠스가 껄껄 웃었다.

고국으로 돌아가 커피 농장을 운영하자는 마르쿠스의 제안에 실비아의 반응은 오직 한 가지 "유기농이어야 해요!"였다.

실비아는 '유기농'이 자연을 생각하는 현대인들에게 일종의 교리가 되기 전부터 지지해왔다. 그녀는 어린 나이에 예상치 못한 지점에서 깨달음을 얻었다. 바로 꿀벌들로부터 말이다. 어린 실비아는 아버지의 농장에서 수많은 꿀벌과 그 꿀벌들이 커피나무의 꽃에 가루받이를 하느라 오가는 모습을 넋을 놓고 바라보곤 했다. 근래에 집약농업, 환경오염과 기후변화로 꿀벌을 비롯한 가루받이 곤충들이 수난을 겪고 있다는 사실을 접하지 못한 사람은 없을 것이다. 농작물에 농약을 사용하면 곤충들이 가장 먼저 죽고, 꿀벌의 경우에는 결과가 더 빨리 나타난다.

"벌들에겐 꽃이 필요합니다. 계절마다 여러 가지 꽃과 깨끗한 물이 필요하고요. 양봉업자는 꿀벌과 자연의 상태에 민감해야 합니다"라고 마르쿠스는 강조한다.

마르쿠스는 아내에 대해 따뜻한 존경을 담아 말하는데, 아마도 거기에 이들의 오랜 결혼생활의 비밀이 있을 것이다. 실비아는 마르쿠스를 처음 만났을 때를 회상하며 미소

띤 얼굴로 미친 사람이라고 생각했다고 말했다. 마르쿠스는 그녀가 보통사람과는 다르다고 생각했다고 한다.

"그 점이 매력적이었지요. 젊어서는 실비아가 남다르다고 생각했습니다. 실비아는 양봉업자였어요. 당시 남미 여자들은 야망을 갖기 어려웠습니다. 가족에게 돈을 가져다주는 일은 남자들의 몫이어야 했습니다. 실비아 같은 사람에게 끌린 건 어머니의 영향이 큽니다. 어머니는 우리 가족의 생활비를 버는 사람이었습니다. 아버지는 의사였지만 경제관념이 없었습니다. 학자로서 학위를 받는 데 몰두했고 학생들을 가르치고 싶어 했지요."

농장에서 꿀벌의 역할은 무척 중요해서, 양봉을 병행하는 건 당연한 일이었다. 그후 대학에서 문학과 언어를 전공한 실비아는 인생을 뒤흔든 가장 큰 변화를 이 벌들을 통해 얻었다.

"여동생에게 양봉을 같이하자고 제안했어요. 놀라운 경험이었어요!"

곤충들의 날갯짓이 만드는 소음이 마치 우리 대화의 방음벽 역할을 하는 듯했다.

"책 속에서만 살다가 진짜 삶을 살게 된 겁니다. 저는 꿀벌들을 돌보는 게 가장 좋은 명상법이라고 믿어요. 곤충들에게만 집중하면서 여왕벌이 어디에 알을 낳는지, 매일 어떤 변화가 있는지 관찰하는 거지요. 웅웅대는 날갯짓 소리를 듣다 보면 우리를 둘러싼 세상은 잊어버리게 돼요. 그때 환경에 관한 책들을 읽으면서 모든 것들이 서로 연결되어 있다는 것을 알았어요. 예를 들어, 살충제를 뿌리면 다른 곳에 있는 꿀벌들도 영향을 받는다는 것이죠. '유기농'이 무엇인가를 생각하기 시작한 것도 바로 그해, 1982년이었습니다."

크로체 가족이 농장을 물려받은 후 모든 것이 실비아의 요구에 따라 빠르게 바뀌었다. 마르쿠스는 아내의 원칙을 따를 뿐이었다. 하지만 정착은 쉽지 않았다. 처음 10년간 부부는 집과 마르쿠스의 주사업장이 있던 미국에 살면서 원격으로 농장을 운영했다. 그러다 점차 농장에 더 많은 시간을 쏟게 되면서 이주를 결심했다.

"실비아가 농장을 물려받았을 때, 한 가지 확실히 한 게 있었어요. 살충제를 사용하지 않기. 그러자 여러 가지 문제가 생겼어요. 저는 농장을 어떻게 관리해야 하는지 하나도 몰랐습니다. 하지만 저는 자연을 사랑했고, 차츰 농장 운영에 익숙해졌지요. 아름다운 농장을 다음 세대에게 물려주고 싶다는 생각이 들었습니다. 다만 제 자식들이 아니라 이 땅에서 태어날 모든 아이들을 위해서 말입니다. 우리 농장에는 집이 여러 채 있고 지금은 많은 사람이 일하고 싶어 합니다."

초기에는 산림공학을 전공한 마르쿠스의 남동생 시루

도 농장 재건에 힘을 보탰다. 시루는 유기농 농장에 산 적이 있어 농사에서 나무의 역할이 얼마나 중요한지 알고 있었다.

"나무를 더 심자는 것은 동생 생각이었습니다. 그 많은 나무로 뭘 할지 몰랐지만, 10년 뒤엔 적어도 10년 묵은 나무가 될 테니 바로 심기 시작했지요."

크로체 가족이 농장을 운영하기 시작한 2000년대 초반에는 친환경 농법이 이른바 '뜨는' 트렌드였고 다른 많은 농장들도 친환경으로 방향을 바꾸기 시작했다. 친환경으로의 전환은 그리 간단한 일은 아니었다. 변화를 일구어가는 와중에도 자신뿐 아니라 직원들까지 책임져야 했기 때문이었다.

"그 당시 농장에는 50가족이 살았고 농장 안에 학교도 있었어요. 문제는 농장이 수익성 좋은 사업이 아니었다는 점이었죠. 만약 그랬다면 처남이 운영하고 싶어 했을 겁니다."

하지만 농장은 조금씩 바뀌기 시작했다. 마르쿠스는 농장을 변화시킨 가장 큰 공을 아내와 아들에게 돌렸다.

"제게는 새로운 비전이 보이지 않았고, 덕분에 시간만 허비하고 있었어요. 반면, 실비아에게는 윤리와 도덕이 항상 자명한 미덕이었지요. 실비아는 은행가이자 철학자였던 아버지를 꼭 닮았고, 시간이 지나면서 저는 아내에게 많은 진리가 있다는 것을 배웠습니다."

　　　대부분의 핀란드인이 할머니 댁을 떠올릴 때 그렇듯 펠리페에게 농장은 동물을 볼 수 있고 숲에서 바로 산딸기를 딸 수 있는 곳을 의미했다. 펠리페는 자신의 일이 실비아가 말하는 것이 정말로 성공할 수 있다는 것을 보여주는 것이라고 말한다.

　　　"어머니는 몇 가지 규칙을 만들었습니다. 친환경 농업을 해야 한다는 것과 경제적으로 자립한 농장이 되어야 한다는 것이었죠. 어떻게 해야 두 가지 목표를 함께 이룰까요? 제 도전 과제는 사업적 성공을 거두면서도 좋은 제품을 만드는 게 가능하다는 것을 증명하는 일이었지만, 그건 품질이나 비즈니스모델 때문만은 아니었습니다. 더 넓게 생각하고 다품종을 재배하는 동시에, 다른 농부들도 농부인 자신이 멋지다고 생각하도록 영감을 주고 싶었습니다. 농부가 되는 것은 예술가가 되는 것과 같습니다."

　　　펠리페가 낭만적인 묘사를 덧붙였다.

　　　펠리페가 온전히 커피 세계에 자신을 던졌기 때문에 우리는 그를 통해 커피의 미래를 볼 수 있었다. 그에게는 적어도 하나의 가능성이 있었다.

아스팔트 정글에서
카우보이의 땅으로

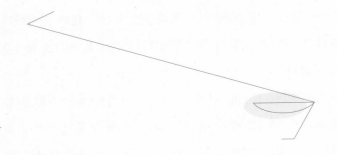

　　펠리페는 1987년 8월 13일 상파울루에서 태어났다. 그가 3살 무렵 무역업을 하던 마르쿠스의 동업자가 미국에서 아이를 낳으면 좋다는 이야기를 했다. 마르쿠스는 이 조언을 새겨들었다. 1990년의 어느 날, 실비아가 출장에서 돌아온 마르쿠스에게 펠리페의 동생인 셋째 리타를 임신했다고 말하자 마르쿠스는 이 이야기를 꺼냈고, 크로체 가족은 얼마 후 미국으로 이주했다.

　　크로체 가족은 남미에서 온 이주자들이 많은 도시에 정착하는 것을 원치 않았다. 결국 이들이 선택한 곳은 시카고 북쪽에 있는 인구 3만 명의 도시 하일랜드파크였다. 펠리페의 말에 따르면 8개의 골프장과 12개의 유대교회당, 13개의 은행이 있는 작은 도시였다. 그곳은 유대인 지구로, 상파울루에서 온 소년에게는 주민 모두가 의사나 법률가처럼 보였다. 소년은 여기서 인생의 첫 번째이자 마지막은 아닌 정체성의 위기를 겪었다. 그와 반대의 경험을 한 사람도 있다. 실비아였다. 그녀는 인생에서 처음으로 자신이 다른 사람과 동일한 존재라고 느꼈는데, 1990년대까지만 해도 브라질에서 여성의 지위는 서양에서 이상적으로 여기는 수준과는 거리가 멀었기 때문이다. 실비아에게는 유대인 여성들이 교육을 중시하는 것 또한 중요한 점이었다. 다행히도 크로체 가족이 사는 지역에도 아주 좋은 학교가 있었다.

그러나 미국 사회로의 편입은 쉬운 일은 아니었다. 펠리페는 점심시간마다 소외감을 느끼곤 했다. 유기농 사과와 각종 유기농 재료로 만든 샌드위치로는 반 친구들의 물물교환시장에서 개별 포장된 초콜릿바나 감자칩을 얻을 수 없었기 때문이다.

펠리페는 고등학교를 졸업한 후 미주리 주 세인트루이스의 워싱턴대학교에 진학했다. 교내 농구팀에 들어간 그는 때때로 이름과 어두운 피부색 때문에 인종차별을 당했다. 펠리페는 초등학교 시절 출석을 부르던 선생님이 그의 이름을 보고 흥분한 나머지 "멕시코인 학생을 받은 건 처음이란다!"라고 소리친 일화를 쓴웃음을 지으며 들려주었다.

펠리페는 국제학 공부를 시작하고 있었지만 졸업 후

무엇을 하고 싶은지 결정하지 못했었다. 그러던 중 2006년에 들었던 〈사업가가 되고 싶습니까?〉라는 수업은 사업가인 아버지를 도우며 자랐고, 세간의 권위를 향해 의구심을 품고 있던 그에게 삶의 방향을 일깨웠다. 그런데 그게 전부는 아니었다. 놀랍게도 담당 교수인 하워드 러너는 커피에 상당한 관심을 가진 사람으로, '칼디스 커피Kaldi's Coffee'라는 로스터리를 운영하고 있었다. '칼디'라는 이름이 어딘지 익숙하지 않은가?

"2006년엔 전 세계를 통틀어 스페셜티 커피에 중점을 두는 곳이 드물었습니다. 그런데 미국 주요 도시 순위로 치자면 10위 안에도 들지 않는 미주리 주의 세인트루이스가 바로 그런 곳이었어요. 그처럼 작은 도시에서 스페셜티 커피를 마주친 것은 엄청난 우연이었습니다."

펠리페는 저녁까지 이어진 북유럽 커피축제의 소란 속에서 생각에 잠겼다.

커피를 향한 펠리페의 본격적인 관심은 러너를 만나면서 시작되었다. 그때까지 커피는 어린 시절에 사촌들과 말을 타고 놀던 할아버지 농장의 추억일 뿐이었다. 그는 기회가 오자 즉시 러너에게 5년 전 어머니가 상속한 커피 농장 이야기를 꺼냈다.

"하워드 씨는 농장이 어디 있는지 물었습니다. 브라

질에 있다고 하자 그분은 고맙지만 관심이 없다고 했어요. 놀라서 다시 물었습니다. '죄송하지만 뭐라고 하셨나요?' 하워드 씨는 딱 잘라서 브라질 커피를 좋아하지 않는다고 하더군요. 그분은 좋은 브라질 커피를 맛본 적이 없었습니다."

브라질 커피에 부정적인 반응을 보였지만 러너와 펠리페는 친구가 되었다. 사업가 수업의 실습 기간에 펠리페는 칼디스 커피에 자리를 얻게 되었다. 그곳은 그가 다른 수업에서 경험한 일터와는 꽤 달랐다.

"전에 일한 곳은 남미에 기계를 대여해주는 금융 분야 기업이었습니다. 영혼 없는 기계적인 업무가 싫었지만, 졸업한다면 이런 데서 일하겠구나라고 막연하게 생각하고 있었습니다. 그러던 중 하워드 씨의 일을 하게 되었습니다. 처음 로스터리의 창고에 갔을 때를 기억합니다. 큰 소리로 음악이 울려 퍼지는 가운데 타투를 하고 턱수염이 난 사람들이 과하다 싶은 양의 카페인을 섭취하며 커피에 열정을 불태우고 있었습니다. 멋지다고 생각했지요."

그 창고는 펠리페에게 로스터의 눈으로 커피의 세계를 보게 해주었다. 그의 업무는 커피 로스팅과 음료를 만들고 커핑cupping, 즉 시음을 하는 것이었다. 특히 커핑은 펠리페의 흥미를 끌었다.

펠리페는 커피가 맛있다고 느낀 것은 그때가 처음이

었다고 회상했다. 그중 에티오피아 하라르의 과일과 꽃 같은 풍미는 비할 데가 없었다. 펠리페는 그때껏 그런 맛을 경험해본 적이 없었다. 그는 '커피에서 이런 맛이 날 수 있다니, 나는 커피에 대해서 아무것도 모르고 있었구나' 생각했다고 한다.

과테말라와 브라질 커피도 맛보았는데, 그중 브라질 커피가 가장 별로였다며 그 당시에는 정말 브라질 커피는 안 되겠다고 생각했다고 한다.

가족 농장이 친환경 농법으로 방향을 바꾸면서 펠리페는 마침내 FAF의 원두 샘플을 칼디스 커피의 로스터 친구에게 가져갈 용기를 냈다. 커피를 맛본 친구들은 브라질에서 왔다는 것을 믿지 않을 만큼 만족스러워했다.

그 무렵 업계에는 새로운 바람이 불기 시작했다. 칼디스 커피 같은 소규모 로스터리와 스페셜티 커피 위주의 카페들이 전 세계 곳곳에서 문을 열었다. 소비자도 유기농 제품의 손을 들어주기 시작했다. 그동안 크로체 가족이 걸어온 길이 업계에 부는 변화의 바람과 맞물리는 순간이었다. 희망의 끈을 놓을 때가 아니었다.

펠리페의 동기들은 미국이 금융위기의 후유증에 휘청이던 2009년 5월에 대학을 졸업했다. 많은 대학생이 졸업과 동시에 실업자 통계의 일부로 편입되었다. 펠리페의 표현을 빌리자면 세상이 무너지는 것보다 더 암울한 느낌이었다. 하지만 다행히 그에게는 졸업까지 한 학기가 남아 있었다. 대학 입학 전에 자신의 뿌리를 알고 집에서 사용하는 포르투갈어를 제대로 익히기 위해 남미 배낭여행을 하느라 학업을 한 학기 늦게 시작했기 때문이었다. 운명이 그를 도운 셈이었다.

"마지막 학기를 시작했을 때, 가족들이 제가 있는 곳에 놀러온 적이 있었습니다. 함께 저녁을 먹는 동안 부모님은 말다툼을 하셨고, 결국 모두 싸우게 되었죠. 알고 보니 농장은 위기에 처했고 아버지의 사업도 파산 위기에 있었습니다. 아버지는 브라질 제품을 수입해서 미국의 월마트 같은 회사에 파는 일을 하셨는데, 가격 인하 압력이 컸습니다. 달러 환율이 하락하면서 브라질 제품의 가격이 상대적으로 비싸졌고, 월마트는 가격이 더 싼 중국에서 물건을 들여오기 시작했습니다. 게다가 브라질 농장 직원들의 임금이 매년 상승하면서(물론 그건 직원들에게는 좋은 일입니다만) 농장의 지출이 몇 배씩 가파르게 상승했습니다. 처음엔 미국 달러의 가치가 브라질 헤알의 4배였는데 미국의 불황으로 1.6배까지 떨어졌습니다. 우리는 당시 170명에 달하는 농장 직원의 급여를 헤알로 지불하고 있었습니다."

게다가 유기농 재배로의 전환은 그만큼의 대가를 요구했다. 첫해에는 생산량의 80퍼센트가 감소했다. 토양의 회복은 마약 중독 치료와 비슷하다. 회복할 시간을 주고 약물이 없는 상태에 익숙해지게 해야 한다. 돈이 들었고 생산량은 급감했으며 모두 예민해져 가족 관계에도 악영향을 미쳤다. 게다가 마르쿠스의 사업 때문에 가족들은 여전히 미국에서 지내면서 브라질에 있는 친구들의 도움을 받아 원격으로 운영하고 있었다. 결국 말다툼에 지친 펠리페가 결단을 내렸다.

　　"젠장, 내가 농장으로 갈 테니 다들 그만해요."

　　당시 21살이었던 펠리페는 미국에서의 학업을 잠시 중단하고 5대째 내려오는 가업을 이어받기 위해 브라질의 커피 농장으로 향했다. 가족 중 처음으로 농장에 장기 이주한 사람이 되었다.

　　"사실 그렇게 어려운 일일지 몰랐습니다. 문제들을 해결하고 나면 미국으로 돌아가 졸업 후 전공과 관련한 일을 하려고 했지요. 마침 미국에는 일자리가 없으니 농장을 정상화하자고 생각했습니다. 재미있겠다는 생각도 들었어요."

　　그러나 상황은 그렇게 만만하지 않았다. 농장은 예상한 것보다 상태가 더 좋지 않았다. 당시 농장 관리자는 농장 내 가구와 비품은 물론 가축까지 빼돌려 팔아버리고, 직원들의 아내를 유혹하는 등 온갖 나쁜 짓을 다하는 인물이었다.

펠리페는 즉시 그를 내보냈지만 그의 부재로 농장을 감독하는 일을 맡게 된 것은 불행히도 자신이 모든 것을 다 안다고 생각하는 20대 미국 청년이었다.

"브라질로 떠날 무렵 칼디스 커피에서 일하면서 익힌 지식으로 스페셜티 커피를 조금이나마 이해하고 있었습니다. 하워드 교수님도 농장 직원들에게 다 익은 커피체리만 따게 하라고 일러주셨고요. 그런데 그게 그렇게 간단한 일이 아니었어요."

곧 진실이 밝혀졌다.

매일 아침 7시에 직원들이 사무실에 있는 펠리페에게 와서 물었다. "오늘은 뭘 할까요?"

관리자가 없으니 펠리페는 사람들이 자신의 업무를 설명하도록 되물을 수밖에 없었다.

"무슨 일을 하시죠?"

"트랙터를 몹니다."

"오케이, 그럼 트랙터를 몰러 가세요."

다음 사람에게 물었다.

"당신은 무슨 일을 합니까?"

"가축의 젖을 짭니다."

"자, 젖을 짜러 가세요."

이런 식이었다. 직원들이 펠리페가 농장 경영에 대해

아무것도 모르는 애송이일 뿐이라는 것을 깨닫는 데에는 그리 오래 걸리지 않았다. 농장은 이전과 같은 방식을 답습하며 굴러갔다.

농장에서 사는 것은 펠리페에게 큰 문화적 충격을 안겨주었다. 좋든 나쁘든 식민지 시대로부터 전해져 내려온 전통 때문이었다. 예로부터 농장주의 가족은 농장 공동체 전체를 돌보는 부모 같은 존재로 여겨졌다. 부모가 아이들, 즉 직원들에게 지시를 내리기 때문에 그들이 스스로 생각할 일은 거의 없다. 농장에는 직원과 그 가족이 이용할 수 있는 학교와 작은 가게가 있으며, 집과 전기는 모두 무료로 제공되었다. 즉, 직원들은 급여 외에도 완벽한 주거 서비스를 제공받고 있었다. 펠리페는 미국의 비즈니스 스쿨에서 배운 사고모형을 바탕으로 다음과 같은 결론을 내렸다.

'우리는 직원들한테 급여와 집을 제공하고 농장을 유지하는 데 들어가는 비용을 대는데 가정마다 농장에서 일하는 사람은 한 명뿐이야. 나머지 가족 구성원들은 아무것도 하지 않고 동일한 혜택을 누리는군.'

펠리페는 문제를 제기했다. 그리고 예상대로 격렬한 반대에 직면했다. 직원들은 복지 혜택의 무임승차자를 없애겠다는 펠리페의 생각에 분노했다. 그들은 당연히 자신들이 누려온 혜택을 유지하고자 했다. 당시 농장에는 안정된 연공

서열이 없었기 때문에 농장에 사는 가족들 사이에 다툼이 잦았다. 책임자급 직원 2명이 관리자 자리를 두고 다투는 통에 펠리페는 이들 사이도 중재해야 했다.

"첫해에는 미칠 뻔했다니까요."

펠리페가 특유의 평온한 말투로 말했다. 마르쿠스와 실비아가 오랜 사업을 정리하면서 아직 고등학교에 다니는 여동생과 함께 미국에 남아 있었기 때문에 혈혈단신 다른 세계로 이주한 젊은이에게는 미치고 팔짝 뛸 한 해였을 것이다.

펠리페는 "카우보이의 삶"에 다소 매력을 느끼기도 했지만, 첫해에 농장의 가축 대부분을 처분했다. 일을 제대로 하려면 한 가지 일에만 집중해야 한다는 것을 깨달았기 때문이다.

"농장을 여러 부분으로 나눠 이웃 사탕수수농장 같은 곳에 임대했습니다. 농장의 규모를 줄이려는 심산이었지요. 대부분의 직원들을 해고하고 바닥부터 다시 시작해야 했습니다."

수확의 시간이 다가오자 마르쿠스는 펠리페에게 이웃 농장의 생산자들을 소개해주었다. 마르쿠스는 운영하던 무역 회사를 통해 지역 커피 생산자들의 커피를 해외로 수출하는 일을 했기에 그들을 잘 알았다. 훗날 크로체 가족은 커피 수출을 위해 '쌀먹이새 커피Bob-o-Link Coffee'라는 협동조합을 만들었다.

펠리페는 그중 한 유기농 생산자에게 특히 많은 영향을 받았다. 마르쿠스가 그에게 펠리페를 도와달라고 부탁했다.

"에밀슨 자니의 농장은 산꼭대기에 있었는데, 근처엔 그의 친구인 주앙 해밀턴도 있었습니다. 에밀슨은 지역 전체의 농업과 미래에 관한 훌륭한 관점을 가진 39세의 유기농 생산자였습니다. 그에 비하면 저는 순종적으로 자본주의의 가치를 배운 꼬마 이상주의자였습니다. 비록 학교에서는 세상을 더 나은 곳으로 만들겠다는 생각을 한다며 순진한 히피 취급을 받았지만요."

젊은 펠리페는 찢어지게 가난한 생산자들을 차례로 만났다. 2000년 이후 커피 가격이 너무 하락해서 모든 농가가 빚을 지고 있었다. 공장형 농장들과의 가격 경쟁으로 많은 이들이 어려움에 부닥쳤고 이내 백기를 들었다. 하지만 에밀슨은 달랐다. 그는 유기농을 고집했다. 그리고 그에게는 농장을 유기농의 비밀로 이끎으로써 자연은 물론 자신의 농장 주변에 있는 작은 농장들을 돕겠다는 비전이 있었다.

하지만 운명은 에밀슨과 그 이웃에게 무거운 그늘을 드리우고 말았다.

"에밀슨을 6월에 만났는데 8월에 세상을 떠났습니다."

펠리페의 눈에 눈물이 흐르기 시작했다.

"위암이었습니다. 에밀슨은 브라질에서 저의 첫 번째 지인이자 멘토였습니다. 저는 그분의 비전을 따르기로 했습니다. 주변 농장들도 동참했습니다. 우리는 할 수 있다고 믿으면서. 정말 감동적이었습니다."

우리는 펠리페에게 잠깐 정신을 차리고 마음을 추스를 시간을 주었다. 스톡홀름의 따뜻한 여름밤에 취한 사람들이 우리 주변에서 시끌벅적한 소음을 만들었다. 즐거운 기분이 그의 눈물을 빨리 마르도록 돕고, 놀라운 이야기를 계속하게 했다.

에밀슨은 생전에 펠리페에게 주앙 해밀턴을 소개해 주었다. 그는 마르쿠스와 함께 에밀슨의 임종을 지키며 에밀슨의 지속 가능한 커피 농업, 자연보존과 사람들 간의 협업에 관한 꿈을 이어받아 모든 지역과 사회가 새로운 번영을 얻게 하겠다고 약속했다. 그는 아버지인 마르쿠스와도 친분이 있는 이웃 중 한 명이었다.

"그분을 처음 만났을 때 제게 이런 말씀을 하셨습니다. 세계 최고의 커피를 만들고 싶다고요. 저도 그렇다고 대답했지요."

펠리페의 얼굴은 감동과 즐거움이 뒤섞인 표정으로 가득했다.

그러나 상황은 여러모로 어려웠다. 에밀슨의 죽음과

함께 새로운 환경에서 느끼는 고립감은 펠리페에게는 다소 버거운 일이었다. 그리고 주변에는 의지할 만한 사람이 한 명도 없었다.

"아버지는 뭘 하든 1등이 되라고 말씀하셨어요. '2등으로 들어온 말은 더러운 물을 마시게 된다'는 속담을 인용하시며 아무도 2등은 기억해주지 않는다고 입버릇처럼 말씀하시곤 했죠."

소매를 걷어붙이고 일에 달려드는 것밖에 방법이 없었다. 펠리페는 농장 경영 지식이 부족함을 인정하고 도움을 청하기 시작했다. 우선 할아버지가 농장을 경영하던 시절부터 일하다 잠시 다른 곳에서 일하고 있던 라우로를 관리자로 고용했다. 라우로의 딸인 시모네는 FAF에서 태어나 중학교에 진학하기 전까지 농장 내의 학교에 다녔다. 지금은 큐그레이더Q Grader 자격증이 있고, 농장 일 전반에서 펠리페의 오른팔처럼 일한다. 큐그레이더는 커피업계에서 가장 인정받는 자격증으로 취득하고 나면 공식적으로 커피의 품질을 평가하고 점수를 부여할 자격이 생긴다. 즉, 스페셜티 커피인지, 인스턴트커피급의 아라비카인지, 품질이 좋은 파인 로부스타인지, 공장형 농장의 벌크급인지 등급을 매길 수 있다.

"시모네는 완벽한 리더였어요. 농장의 모든 것을 샅샅이 알고 있고, 창고에서도 일하며 남자들에게 작업 지시를 내린 우리 농장 최초의 여성이었지요."

웃음 띤 펠리페의 설명에서 시모네를 향한 깊은 신뢰와 존중이 느껴졌다.

농장은 점차 자리를 잡기 시작했다. 커피의 품질이 좋아지자 이번에는 토양의 질과 셰이드 트리Shade tree(커피나무에 그늘을 만들어주고 생육을 돕는 나무―옮긴이)에 집중했다. 줄지어 서 있는 커피나무들은 다른 농장의 나무들보다 훨씬 더 잘 자랐다. FAF의 명성은 금세 인근 농장은 물론 해외 로스터들의 귀에도 들어갔다.

농장에서 첫해를 보내고 난 후 펠리페는 유럽행을 결정했다. 학업을 마치기 위해서였다. 2010년 2월, 교환학생 제도로 포르투갈로 건너갔다.

"제 모어母語를 포르투갈에서 배우고 싶었습니다. 브라질에서 쓰던 포르투갈어와 꽤 다르다는 것을 금방 깨달았지만 말이죠"라며 펠리페가 미소 지었다.

포르투갈에서 공부를 마친 펠리페는 런던의 커피축제로 향했고, 그다음엔 세계에서 가장 유명한 바리스타 팀 웬델보에게 커피를 배우려고 2주간 노르웨이에 머물렀다. 그 후엔 스웨덴 스톡홀름으로 향했는데, 당시 요한 앤드 뉘스트룀을 이끌던 요한 에크펠트의 손님으로 2주간 머물렀다.

"그들이 하는 방식을 유심히 보고 따라해 봤습니다.

그렇게 많은 것을 배울 수 있었지요. 저는 커피와 커피업계에 관해 제대로 배운 적이 없었고, 미국의 로스터리에서 잠깐 일한 게 전부였어요. 커피 재배에 관해서는 브라질 현지의 농장에서 경험 많은 생산자들에게 배웠습니다. 커핑과 로스팅에 관한 한 아버지는 최고들에게 배워야 한다고 말씀하셨지요. 그래서 유럽으로 건너간 겁니다."

원래 펠리페의 계획은 농장을 정상화한 다음 미국으로 돌아가 하고 싶은 일을 하는 것이었다. 하지만 스페셜티 커피의 인기가 급상승해 커피 여행을 계속하기로 마음먹었다.

"2010년 수확기에 농장으로 돌아왔습니다. 그다음 반년간은 여자친구가 있는 LA에 머물렀지요. 베니스 비치에 살았는데 그곳에 사는 친구를 통해 우리 농장의 커피를 유통하는 데 성공하기도 했습니다. 로스터리에서 일을 하긴 했었지만, 당시 캘리포니아의 실업률이 27퍼센트에 달해 제가 원하는 일을 찾을 수가 없었습니다."

펠리페는 자신이 수행한 일들을 이렇게 요약했다.

"수확을 하는 틈틈이 여기저기 여행하면서 다른 곳은 어떻게 일을 하는지 살피고 유통 과정도 손보곤 했습니다. 그러고는 다시 농장으로 돌아왔지요."

펠리페의 여자친구는 2009년에 얼마간 그를 따라 농장에 머물렀지만, 2011년 5월 수확기에는 더는 브라질로 돌아가고 싶어 하지 않았다. 장거리 연애가 지속되면서 펠리페는 결국 연인과 가족, 두 사랑 중 하나를 선택해야 하는 상황에 이르렀다.

"가족 중에 로스팅부터 커핑까지 커피에 관한 실질적인 내용을 아는 사람은 제가 유일했습니다. 다른 사람에게 로스팅부터 커핑까지의 전반적인 과정을 포함해 업계가 어떻게 돌아가는지 가르치려면 대략 5년이 걸립니다. 그래서 다시 농장으로 돌아갔지요. 이번엔 혼자서 말입니다."

이따금 펠리페에게서 무언가를 잃은 듯한 그리움이 보이는 것은 아마도 이 결정 때문일 것이다. 그가 처음 FAF에 왔던 2009년만 해도 두 사람의 관계는 아주 좋았다.

"저는 정말 그녀에게 푹 빠져 있었습니다. 한번은 스카이프 메신저로 대화 중이었는데 밖에 비가 퍼붓더니 갑자기 인터넷 연결이 끊어졌어요. 저는 막 여자친구에게 브라질에 오라고 제안한 참이었고, 긍정적인 대답을 듣던 중에 연결이 끊어졌습니다. 아무것도 없는 곳에서 갑자기 인터넷이 끊긴 데다 전화도 되질 않았습니다. 며칠 뒤 시내에서 겨우 인터넷에 접속했을 때, 여자친구는 이미 비행기표를 사서 출발하려던 참이었지요."

유기농을 지향하는 농장에서 평범한 미국인 여자친구는 문화와 세대 간의 충돌을 피할 수 없었다. 펠리페는 마르쿠스와 실비아에게 멋진 저녁을 대접하고 싶었던 여자친구가 시내에서 블루 치즈와 견과류, 버섯 등 농장에서 자라지 않는 재료들을 사 온 이야기를 들려주었다.

"부모님은 여자친구가 만든 저녁을 드신 후에 이렇게 말씀하셨죠. '여기서는 이렇게 안 한단다. 우리는 우리가 키우는 것들을 먹어.' 꽤 재미있는 일이었습니다. 나중에 저는 여자친구가 메모를 하는 것을 보고 놀랐습니다. 뭘 하고 있는지 묻자 '다 적고 있어. 당근을 먹고 싶으면 당근이 심어야 한다, 비트루트가 먹고 싶으면 비트루트를 심어야 한다……'고 했었죠."

펠리페는 빙긋 웃었지만, 유기농 농장과 그곳의 규칙 속에서 지내는 것이 쉽지만은 않았을 것이다.

펠리페는 줄곧 행복하다고 말했지만, 이야기를 듣다 보면 그가 가족을 위해 희생한 것이 아닌가 하는 생각이 들었다. 젊은 청년이 그동안 살았던 미국과는 전혀 다른 문화권에서 홀로 농장을 일구며 느꼈을 외로움이 얼마나 컸을까. 멘토의 죽음이나 연인과의 결별을 회상하는 펠리페의 얼굴에서 회한이 묻어났다.

"처음에는 제가 희생했다는 생각도 했습니다. 특히 농장에 혼자 있을 때는요. 사람들은 페이스북에서 자기들이 얼마나 환상적인 삶을 살고 있는지 과시했죠. 저는 어느 구석의 지옥 같은 농장에 갇혀 있었고요."

미국에서 자기 인생을 사는 동생들과 자신을 비교하며 절망에 빠지지 않고 스스로 행복하다고 말할 수 있게 된 건 세인트루이스의 로스터리에서 커피와 함께하는 일을 선택했던 순간부터다.

요즘은 유기농에 관한 인식이 180도 달라졌지만 펠리페는 처음에 실비아가 왜 유기농을 고집하는지 이해하지 못했다. 약을 쓰면 품질이 좋은 농작물을 키우는 게 훨씬 수월하기 때문이었다. 농장에서 보낸 수년 동안 펠리페는 차츰 지속 가능한 농업의 가치를 깨달았다. 적재적소에 심어진 셰이드 트리, 건강한 땅, 자연의 조화 같은 것이다. 그런 총체적인 접근법은 펠리페가 하는 일이 지닌 특성이기도 하다. 그의 일에는 생물학과 화학 분야의 지식부터 사업으로서의 경제관념, 마케팅을 위한 창의력까지 다양한 것이 필요하기 때문이다.

세대 간의 관점 차이도 있었다. 실비아가 땅에 주목한다면, 펠리페의 시선은 위로 향한다. 이후에 농장에서 만난 실비아는 이와 관련해 적절한 예를 들려주었다.

"지난 겨울에 펠리페는 우리한테 화가 많이 났었어요. 커피나무 몇 그루의 상태가 좋지 않았거든요. 마르쿠스와 저는 수확한 지 얼마 되지 않아서 그런 거라고 생각했죠. 그래서 커피나무의 밑동과 땅만 살폈어요. 그때 펠리페가 와서 묻더라고요. 셰이드 트리가 햇빛을 너무 가려서 커피나무가 시들해진 게 보이지 않냐고요. 펠리페가 보기에 우리는 땅에만 신경을 쓰고 있었던 거죠."

스페셜티 커피란
무엇인가?

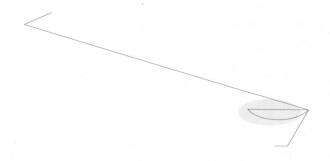

어떤 사람들에게는 놀라운 일일 수도 있지만, 스페셜티 커피란 특별한 방식으로 만들어진 에스프레소를 베이스로 한 커피를 뜻하지 않는다. 이런 오해가 생긴 것은 집에서 간단히 내린 드립 커피와 카푸치노나 라테처럼 바리스타가 우유를 데우거나 거품을 내는 등 까다로운 제조법으로 만들어낸 커피를 구분하는 데서 비롯된 걸로 보인다. 그러나 커피업계에서 스페셜티 커피란 감점 방식으로 진행되는 엄격한 품질 심사에서 일정한 점수를 받은 것을 가리킨다. 커피의 품질은 사람마다 다른 '맛'이 아닌 국제적인 심사 기준에 따라 평가받는다. '스페셜티'는 100점 만점에서 최소한 84점 이상을 받은 것에만 부여한다. 벌크 품질의 커피는 80점도 받지 못하는 경우가 대부분이다. 점수의 실제 의미는 심사 대상의 샘플에 결점이 얼마나 적은가이다. 결점이 적을수록 고득점을 얻는다. 로스팅하지 않은 생두는 육안으로 심사한다. 생두의 크기가 균일하고 결점두가 적어야 감점 없이 좋은 점수를 얻을 수 있다. 로스팅을 거친 원두는 향과 맛을 기준으로 평가하는데, 로스팅이 과한 원두는 훈연향이 원두에 입혀져 결점을 가리기 때문에 전혀 점수를 얻지 못한다.

결점이 있는 커피는 쓰거나 텁텁한 맛, 진흙이나 곰팡내 같은 잡미가 난다. 결점두, 즉 잘못 가공하거나 수확 시기가 잘못된 원두는 커피 샘플 전체를 망친다. 만약 커피 한 잔에 해당하는 7그램가량의 원두에 결점두가 단 한 개라도 들어 있다면 퀴퀴한 냄새가 나는 감자 맛이 나서 쉽게 알아챌 수 있을 정도다. 부룬디와 르완다처럼 가난한 나라에서 생산된 커피에서는 흔한 일이다. 부룬디와 르완다에서는 맛이 풍부하고 흥미로운 고품질 커피가 많이 재배되지만, 유감스럽게도 결점두를 줄이는 설비나 농장에 투자할 시간도 돈도 없다. 따라서 생산자들이 재배를 계속할 수 있도록 가난한 나라에서 생산되는 커피를 먼저 지원해야 한다. 그들이 지속 가능한 생산 활동을 시작하기 위해서는 장기간에 걸친 도움이 필요하다.

이상적인 무결점 커피가 100점이라면, 결점이 많을수록 점수는 내려간다. 점수를 깎는 결점은 너무 작거나 고르지 않은 콩의 크기, 색의 결점 혹은 고르지 않은 콩의 색깔, 부서지거나 벌레 먹은 콩 등이다. 이 모든 것이 맛에 직접적으로 영향을 미친다. 전문가들은 약하게 로스팅된 커피를 맛보는 것만으로도 이런 결점을 쉽게 알아차린다. 특히 커피의 쓴맛은 전문적인 교육을 받지 않은 사람도 바로 알아챈다. 혀끝이 아릴 정도로 강한 쓴맛이 느껴져 반사적으로 물을 마셔 헹궈내고 싶다는 생각이 들기 때문이다. 쓴맛과 바디감(묵직한 맛)을 혼동하기 쉬운데, 바디감은 입안을 가득 채우고 뒷맛이 길게 남는 반면, 쓴맛은 입만을 마르게 하고 갈증을 불러일으킨다는 차이가 있다. 커피는 묵직한 맛이 있어야하지만 쓴맛이 도드라지면 안 된다. 또한 산미는 쉽게 쓴맛이나 신맛, 떫은맛과 혼동되지만, 커피의 맛에서 산미는 중요한 요소다. 우리는 와인이나 과자, 딸기나 디저트의 산미를 좋아한다. 그렇지만 익기 전에 딴 사과가 시큼하고 링곤베리(월귤)가 떫은 것처럼 커피에서 이런 맛이 나는 걸 원하지 않는다.

100점짜리 무결점 커피는 실제로 존재하지 않지만, 취급하는 대부분 혹은 모든 제품이 84점을 넘는 스페셜티 커피인 기업이 늘고 있다. 점수가 높은 커피일수록 생산자에게 비싼 값을 지불한다.

커피 시음에는 전문 자격증이 없으며, 지식과 기술은

현장에서 마스터로부터 제자에게 전해지는 경우가 많다. 덕분에 선천적으로 민감한 미각을 가진 사람들이 유리한 편이다. 미각을 단련할 수도 있지만 시간과 인내력이 필요하다. 커피 테이스터들은 향신료가 많이 들어간 음식을 피하고 술과 담배도 제한하는 금욕적인 생활을 해야 하기 때문이다.

커피품질연구소Coffee Quality Institute, CQI는 커피의 품질을 올려 커피 생산자의 생활이 보다 윤택해지는 데 목적을 둔 비영리 국제조직이다. CQI는 큐그레이더라는 국제적인 커피 감별사 교육과 자격시험제도를 마련하고 있다.

큐그레이더 교육 프로그램은 품질 개선과 생산량 증대, 지속 가능한 발전에 중점을 두고 있다. 큐그레이더의 최종 관문은 소수만 통과하지만, 교육 과정에서 배운 것은 합격 여부를 떠나 커피 유통에 없어서는 안 될 내용이다.

큐그레이더 자격을 취득한 사람은 전 세계에 약 4,000명 정도다. 그들은 에티오피아에 바람이 많이 불었는지, 가물었는지, 해발 몇 미터 고지에서 재배한 품종인지를 맛으로 판별할 수 있다. 그에 비하면 가공법이나 어느 대륙 혹은 나라에서 재배한 커피인지 아는 건 업계 종사자나 커피 애호가라면 충분히 가능한 일이다.

큐그레이더와 비교할 수 있는 자격으로 와인의 '마스터 소믈리에'가 있다. 1969년부터 자격 시험이 시행됐는

데 2017년까지 마스터 소믈리에 자격을 취득한 사람은 겨우 240명 정도다. 최고의 와인 전문가인 마스터 소믈리에는 향을 맡고 맛을 보는 것만으로 포도가 론강의 북쪽 혹은 남쪽에서 재배된 것인지, 어느 와이너리에서 만들었고 어느 해에 생산되었는지 맞힐 수 있다. 이런 마스터 소믈리에 시험을 준비하는 사람들은 수년간 보통의 일상과 인간관계를 희생하며 준비하지만 합격은 요원한 일이다.

마스터 소믈리에에 비하면 큐그레이더는 까다롭기는 해도 많은 사람이 접근할 수 있는 프로그램이다. CQI 같은 커피 관련 단체들은 가능한 한 많은 생산자들을 교육하고 정보를 나눔으로써 커피의 품질을 높이고 업계의 발전을 도모하려 한다. 시장에 나오는 커피 중에 아직 질이 좋지 않은 것들이 많기 때문이다.

양보다 질을 중시하는 스페셜티 커피는 처음부터 끝까지 수작업으로 만들어진다. 커피콩을 심고 싹이 난 모종을 직사광선으로부터 보호하다 최종 경작지로 옮겨 심는 일, 잡초를 뽑는 일이 모두 손으로 이루어진다. 수확도 물론 수작업인데 알맞게 익은 커피체리만 수확한다. 땅에 떨어졌거나 지나치게 익었거나 덜 익은 커피체리는 따지 않는다. 커피체리 선별도 하나하나 손으로 한다.

스페셜티 커피는 대량생산된 벌크 커피보다 월등히 비싸다. 스페셜티 커피의 높은 가격에는 품질뿐 아니라 수작업으로 재배, 수확, 선별, 정제한 높은 생산비용이 포함되어 있다. 재배부터 수확까지 기계로 작업한 커피가 저렴할 수밖에 없음은 두말 할 필요도 없다. 게다가 스페셜티 커피 생산자들은 대부분 비료를 적게 쓰고 나무의 생장 속도를 늦추기 위해 셰이드 트리를 심는다. 이렇게 하면 비료를 많이 주고 직사광선 아래 키운 커피보다 맛은 좋아지지만 수확량이 줄어든다. 적어도 초기에는 말이다.

자연의 흐름

2부

천연 요새와
존 로코의 가르침

커피 혁명을 위해 떠난 우리의 첫 번째 여행지는 열린 마음과 섬세한 감각을 지닌 커피 애호가들이 있는 스톡홀름이었다. 두 번째 행선지는 커피의 뿌리가 있는 브라질 상파울루 주의 모코카였다. 이곳에 크로체 가족의 파젠다 암비엔탈 포르탈레자FAF가 있다. 2017년 5월의 FAF에는 곳곳에 수확을 앞둔 커피나무가 우거져 있었다. 붉고 노란 커피체리, 태양의 온기를 받은 커피 건조대, 유기농 농장 특유의 냄새가 뒤섞여 우리의 감각을 깨웠다.

FAF는 상파울루에서 자동차를 타고 꼬박 4시간을 가야 하는 거리에 있다. 이 여정의 마지막 구간은 꽤 험한데, 몇 년 전만 해도 농장들 간에 짐을 옮길 때는 말을 이용했다고 한다. 해가 진 저녁식사 시간 즈음에야 포효하는 4륜구동

자동차에서 내릴 수 있었다. 하늘 가득한 별빛이 주차장에서 별채로 가는 길을 비췄다. 예전에 헛간으로 쓰던 곳을 개조해 부엌과 식당, 거실을 겸한 공간으로 만들었다고 한다.

크로체 가족은 우리를 따뜻하게 맞이해주었고, 다른 손님들도 소개해주었다. 그중에는 스웨덴의 생두 바이어인 라스 필렌그림과 펠리페 크로체의 카페인 '이수 에 카페Isso é Café(포르투갈어로 직역하면 '이것이 커피입니다'—옮긴이)'에서 일하는 와구 피구에이라도 있다. 와구는 펠리페가 세인트루이스의 칼디스 커피의 로스터리에서 만났다던 커피 히피와 똑 닮은 데가 있었다. 끝이 뾰족한 힙스터의 콧수염, 몸에 새겨져 있는 타투보다 오래 갈 것 같은 미소 말이다. 저녁으로 농장에서 기른 식재료들이 치즈와 함께 나왔다. 전부 유기농이었고 채식을 하는 우리를 위해 모든 메뉴에서 고기를 뺀 것이 따로 제공되었다. 크로체 가족은 손님을 배려할 줄 알았다. 와인을 잔에 채울 때면 그날의 전달사항이 식탁의 한쪽 끝에서 다른 쪽 끝까지 서너 개의 다른 언어로 전해졌다.

다음날 마르쿠스 크로체는 우리를 농장에 있는 학교로 쓰던 건물로 데려가 조그만 학생용 의자에 앉혔다. 2년 전까지만 해도 80명이 넘는 학생들이 공부하던 곳이었지만, 농장을 분할하고 직원들을 내보내면서 그 가족들도 도시로 이주해 쓸모를 잃고 말았다. 하지만 마르쿠스가 자신과 농장이 하나가 된 이야기를 시작하면서 우리의 목적에는 완벽하게 들어맞는 곳이 되었다.

마르쿠스는 저 멀리 북쪽에서 온, 작은 의자에 커다란 몸을 욱여넣은 애송이들을 상대로 열강을 했다. 마르쿠스의 이야기는 무척 흥미로웠다. 우리는 농장의 점심시간을 알리는 종소리가 들리자 그제야 다리에 쥐가 난 걸 깨달았을 정도였다.

마르쿠스는 50대에 농부가 되었다. 2001년에 실비아와 함께 농장을 상속하면서 그의 인생은 바뀌었다. 그리고 그동안 무역업에 종사했던 마르쿠스는 아무 생각 없이 내키는 대로 무언가를 사지 못하는 사람이 되었다. 또한 파젠다 포르탈레자의 이름에는 자연을 의미하는 '암비엔탈ambiental'이 추가되었다. 친환경적인 삶이라는 새로운 윤리적 규칙과 목표를 정했고, 마르쿠스는 모든 일이 얼마나 어려울지 상상도 하지 못했다.

"사람들은 왜 미국으로 가고 싶어 할까요? 돈을 벌고 물건을 사기 위해서입니다. 저도 미국에 갔었고 돈을 벌고 물건을 사들였지만 그다지 행복하지 않았습니다. 뭔가 부족했죠. 그러다가 자연과 함께하면서 땅과 물, 건강한 음식에 눈을 뜨며 깨달음을 얻었습니다. 자연에서 많은 것을 배웠죠."

마르쿠스는 한 인증단체에 도움을 청한 적이 있다. 농장을 심사해 적합한 경우 특정 인증서를 발급하는 곳이었다. 그 단체는 농작물에 영양을 주는 게 당연하다고 여겼고, 화학비료를 사용하지 않을 거라면 다른 영양분이 필요하다고 했다. 그리고 FAF의 작물과 가축들을 헤아린 후 비료가 충분하지 않다고 지적했다.

"난 그때 될 대로 되라는 기분이었어요! 그들은 퇴비를 더 사고, 사람을 더 쓰고, 퇴비를 늘리고, 커피나무에 비료를 쉽게 줄 수 있는 여러 설비에 투자하라고 했어요."

마르쿠스는 몸서리를 치며 말했다. 그러나 효과는 없었다.

"그 사람들이 시키는 대로 다 했지만 커피나무들은 죽었습니다. 그들의 말대로 한 5년 동안 수확량의 80퍼센트가 줄었어요. 말도 안 되는 일이었죠! 그러자 그들은 나무를 베어내고 처음부터 다시 시작해야 한다고 하더군요. 나무들이 지쳤다나요. 왜 처음부터 그런 이야기를 해주지 않았을까요? 그들도 제대로 된 노하우가 없었기 때문입니다."

마르쿠스는 한숨을 쉬었다.

그때 마르쿠스는 이웃의 주앙 페레이라 리마 네토를 만났다. 장난삼아 존 로코, 즉 '미치광이'라고 부르는 사람이다(스페인어로 '로코loco'는 미친, 정상이 아니라는 뜻으로 흔한 남자 이름 존John에 남성형 명사가 붙어 '미치광이'라고 쓰였다—옮긴이). 존 로코는 농장과 함께 그의 인생에서 가장 중요한 존재가 되었다. 마르쿠스는 그를 정신적 지주이자 땅의 아버지라고 부른다.

"존 로코에게 많은 것을 배웠습니다. 존은 농장 가치의 세 배 정도 되는 빚이 있어서 더 이상 잃을 게 없는 상황이었습니다. 절망적인 상황에서 존은 한없이 무기력했습니다. 하지만 이내 주위를 살펴보기 시작했지요. 매일 농장 주변을 돌면서 뭔가를 했습니다. 그러자 상황이 달라졌습니다. 농장에 가장 좋은 일은 주인의 발걸음이 늘어나는 것이죠."

아메리칸드림을 좇아 20년이나 자본주의의 중심인 미국에서 보냈던 마르쿠스에게 아무것도 하지 않는다는 건 무척 괴로운 일이었다. 마르쿠스는 당장이라도 농작물을 수확하고 싶었고, 팔 수 있는 건 바로 팔고 싶었다. 하지만 사람들이 그가 키운 유기농 커피에 매긴 가격은 뉴욕 상품거래소의 벌크 커피 가격보다 고작 5센트에서 10센트쯤 높았다. 들인 비용에 비하면 한참 밑지는 장사였다.

그때 존 로코는 "아무것도 하지 마. 주위를 살펴봐. 내가 어디에 있는지 아는 게 먼저야"라고 조언했다고 한다. 존 로코의 조언은 거기서 끝이 아니었다. 농장에는 작은 호수가 있었는데 호수를 둘러싼 둑에 여러 종류의 나무가 심어져 있다. 나무에는 심은 날짜를 비롯한 정보가 적힌 표지판이 붙어 있었다. 마르쿠스는 이 나무들을 관찰했다. 서로 어떤 영향을 주는지, 심은 장소는 어떤지, 수원水源과 정글과의 거리에 따라 어떻게 변하는지.

마르쿠스는 존 로코의 가르침에 관한 이야기를 계속 이어갔다.

"강 건너로 가고 싶다고 그대로 들어가지는 않잖아. 뭔가 던져서 물살이 얼마나 빠른지 봐야겠지. 그다음엔 상류로 가서 흐름을 본 뒤에 건너는 거야. 안전하게. 그러면 아무 문제도 일어나지 않아. 자, 시작해볼까? 농장에 어떤 나무들이 있나? 어떤 나무들이 땅에 좋은 영향을 끼칠까? 특별히 관리를 하지 않아도 잘 자라는 나무는 어떤 거야? 즉, 그 외의 나무는 지속적으로 관리를 해줘야 한다는 거야. 잘 봐! 커피 이야기는 그다음이야. 어디서 커피나무가 자라기 쉬운지 잘 봐야 해. 여기서는 잘 자라고, 저기서는 잘 자라지 않지. 왜 그럴까?"

이야기는 마르쿠스의 활기 넘치는 표정과 커다란 손짓에 실려 리듬을 탔다.

"그 후에 별채를 좀 바꿔보고 싶었습니다. 별채 뒤에 안뜰을 만들고 그 위에 지붕을 올렸죠. 100년쯤 된 아름다운 과수원이 보이도록 말이죠. 그런데 뭔가 과수원이 버려진 것처럼 보였습니다. 그래서 존에게 어떻게 하면 좋을지 조언을 구했습니다. 그러자 존은 저한테 어떻게 *하고 싶은지* 되물었습니다. 저는 아름답게 만들고 싶다고 했어요. 그러자 존은 아름다운 게 어떤 거냐고 물었습니다. '베르사유 궁전의 정원처럼? 일꾼을 열두 명쯤 붙여주면 그렇게 해주지. 아니면 대자연이 지닌 아름다움인가? 좀 더 관찰해봐. 나무 밑에서 잡초가 자라기 어렵다는 건 알지 않나. 그렇다면 나무를 더 심어야겠지. 나무들의 뿌리가 땅을 풍요롭게 한다네. 잡초가 생기기 어렵게 하는 환경을 만들고 그 자리에 양을 두어 마리 풀어놓으면 알아서 잡초를 뜯어먹을 거야. 그러면 김을 맬 필요도 없어. 강을 건널 때 잘 살펴보고, 흐름을 거스르지 않는 것과 같은 이치야.' 존의 말을 들은 그날 우리는 농장을 바꾸기로 했습니다."

그렇게 존 로코의 가르침에 따라 첫 10년이 지났다. 마르쿠스는 진정한 변화에는 100년이 걸리지만, 그 100년 뒤에는 모든 것이 자연적으로 조화를 이루어 사람의 손이 필요 없는 농장이 될 것이라고 했다. 과일, 꽃, 콩, 그리고 고품질 커피가 결실을 맺는 농장 말이다.

"우리는 차근차근 해나갔습니다. 10년 정도 걸렸지만, 저한테는 눈 한 번 깜박할 정도의 시간이었습니다. 비싼 수업료를 치루긴 했지만, 농장에 갈 때마다 항상 새로운 것을 배우던 기간이었습니다. 믿기 어려운 일이었지요."

오늘날 커피 농업의 새로운 파도는 친환경 농업 혹은 '기후스마트농업Climate Smart Agriculture, CSA'을 말한다. 기후스마트농업은 여러 농법을 포괄하는 용어이다. 예를 들어, 밭에서 하는 혼합경작이나 FAF에서 이행 중인 혼농임업agoforestry 등이 있다. 혼농임업은 커피가 다른 나무의 그늘에서 자라고 식생植生도 주변 생물도 다양하며 모든 것이 조화롭게 자라는 것을 의미한다. 혼농임업은 자연의 다양성을 훼손하고 가장 생산성이 높은 작물에만 집중하는 산업형 농업보다 지속 가능하다.

산업형 농업과 달리 지속 가능한 커피농장에서는 열대우림을 훼손하지 않는다. 오히려 나무를 더 심어서 커피가 필요로 하는 나무 그늘을 늘린다. 나무의 뿌리는 땅속 깊은 곳으로부터 수분을 빨아올려서 인공적으로 수분을 공급할 필요가 거의 없다. 또한 나무는 해충을 잡아먹는 새와 벌레의 집 역할을 한다. 만약 사람이 쓸 새 건물을 지을 부지에 커피나무들이 있다면 건물을 다른 곳에 짓는다. 사람의 필요는 뒤로 미루고 자연을 우선으로 둔다. 커피나무는 줄을 맞춰 자라는 일이 거의 없고, 넓은 땅 곳곳에 흩어져 자란다. 기계로는 빽빽한 삼림과 경사가 가파른 곳에서 자라는 커피나무에 닿는 게 불가능하기 때문에 이런 농장은 대부분 수작업을 한다.

"한번은 웨스트일리노이 대학교의 교수님이 손님으로 오셨습니다. 많은 사람이 망원경을 들고 새를 보러 오지만, 그분은 돋보기를 가지고 땅을 보러 왔어요. 50개 정도의 돋보기를 무릎 위에 펼쳐놓고 토양과 수백만 마리의 미생물을 연구하셨죠. 저는 한 번도 그런 생각을 해본 적이 없지만, 잡초를 없앤다고 라운드업(몬산토에서 제조한 글리포세이트 기반 제초제—옮긴이)을 쓰는 이웃 농장에 가보니 미생물이고 뭐고 아무것도 없었습니다. 땅이 죽어버린 겁니다."

마르쿠스는 건강한 토양과 산업형 농업을 알기 쉽게 예를 들어 설명했다. 산업형 농업은 생산성을 최대화해 격년으로 한쪽 땅에서 커피를 재배하고, 다음해에는 다른 한쪽에서 재배한다. 이렇게 하지 않으면 토양의 영양분이 고갈되어 다음에는 아무것도 자라지 않기 때문이다. 이런 땅에 막대기를 꽂으면 막대기가 부러질 정도로 딱딱하다. 하지만 건강한 땅은 주먹으로 치면 쑥 들어갈 정도로 부드럽다.

"태양이 내리쬐고 땅에 영양을 많이 주면 커피체리도 최대한으로 달립니다. 하지만 그건 유기농이 아닙니다. UTZ 인증(지속 가능한 커피, 코코아, 차 생산에 대한 인증 프로그램—편집자)을 받을 수 있을지도 모르지만, 수확한 커피엔 화학물질이 들어 있을 가능성이 있습니다. 이 작물은 호르몬을 먹여

성장을 촉진한 닭과 닮았습니다."

　　커피는 손쉽게 재배할 수 있는 작물이 아니다. 상당한 물과 토양의 영양분을 뿌리에서부터 빨아올리기 때문에 지속 가능의 원칙대로 재배하지 않는다면 장기간에 걸친 재배는 어렵다. 효율성을 중시하면 성장은 빠르고 수확량도 많지만, 유감스럽게도 농지의 기대수명은 줄어들고 만다. 효율을 중시하는 농법은 농기계와 장비가 걸림돌 없이 들어갈 수 있는 넓은 농지를 전제 조건으로 한다. 작물은 한 줄로 심을 수 있지만 농기계가 지나가는 데 방해가 되는 나무는 베어낼 수밖에 없다. 이때 희생양이 되는 것은 자연의 다양성을 보여주는 열대우림이다. 불도저로 열대우림을 밀어버린 곳곳에 거대한 농지가 생긴다. 나무들이 없어지면 커피는 나뭇가지가 만들어주던 그늘을 잃고 직사광선에 노출된다. 동시에 큰 나무들이 깊고 넓게 퍼진 뿌리로 땅속 깊은 곳에서부터 빨아올렸던 수분도 지표면 가까운 데서 얻지 못해 수분 부족에 시달린다. 결과적으로 작물들이 타는 듯한 태양 아래 살아남으려면 많은 양의 수분을 인위적으로 공급해줘야 한다. 이렇게 작물에 물을 주려고 식수까지 끌어다 쓰면서 새로운 문제가 생긴다. 대부분의 커피 생산국은 그렇지 않아도 깨끗한 물이 부족해 고통받는 경우가 많기 때문이다.

　　커피가 까다로운 작물이라는 사실은 영양분이 풍부

한 화산재 토양에서 잘 성장하고 풍부한 수확을 기대할 수 있다는 데에서도 드러난다. 따라서 기온이 상승한다 해도— 지구 온난화라는 확연한 증거가 있지만—토양이 비옥하지 않은 북유럽에서 커피를 재배하는 것은 불가능하다. 무엇보다도 커피는 기후변화와 지역적인 문제, 녹병 같은 병해의 영향을 많이 받는다. 분명 머지않은 미래에 이것들은 커피의 운명을 좌우할 치명적인 문제로 부상할 것이다. 그리고 기후변화와 그 외의 문제가 지속되는 한, 우리는 커피를 더는 마실 수 없게 되거나 소비 습관을 극적으로 바꿔야 할지도 모른다는 사실을 이미 전 세계가 받아들이고 있다.

그런 만큼 땅을 소중하게 여겨야 하지만, 마르쿠스에 따르면, 잘 관리하더라도 70년이면 지력이 다 쇠한다고 한다. 그 후엔 땅을 쉬게 해야 한다. 이는 커피뿐 아니라 그 어떤 작물도 마찬가지다.

100년 전 유럽은 브라질에 식민지를 개척하며 열대 우림을 파괴하고 식생을 불태웠다. 1500년대의 브라질에는 개간한 사람이 그 땅을 소유하는 관습이 있었다고 한다. 숲 그대로는 소유할 수 없었다. 하지만 유럽인들은 숲의 나무를 베어낸 뒤 다른 것을 심고 싶다면 땅을 쉬게 해야 한다는 것을 잊고 있었다.

"미국과 유럽의 대부분의 숲에서 벌채가 이루어지자,

그다음에는 생산비가 좀 더 적게 드는 가난한 나라를 찾기 시작했습니다. 어떻게 하면 저렴하게 식량을 생산할 수 있는지 아십니까? 노동력이나 자연을 착취하면 됩니다. 아니면, 품질을 포기합니다. 이게 가격을 내리거나 저가로 유지할 수 있는 유일한 방법입니다."

휴지기 없이 화학물질에 노출된 땅은 회복하는 데 더 긴 시간을 필요로 하거나 완전히 사멸해버린다. 북유럽은 한랭지라 일 년에 한 차례만 수확을 하고, 그 후에는 몇 개월 동안 눈에 덮여 있다. 아이러니하게도 땅이 필요로 하는 휴식의 시간이 주어지는 셈이다. 하지만 브라질은 온난한 기후라 땅에서 쉴 틈 없이 무엇인가 새로운 것이 솟아오른다. 자연의 회복력만으로는 터무니없이 부족하지만, 수십 년이나 쉬게 할 만한 여유가 없다. 그러면 인공적인 무언가를 할 수밖에 없다. 이 지점에서 마르쿠스가 말하는 대기업들의 파국을 향한 길이 시작된다.

"바이엘을 비롯한 기업들은 전후戰後에 토양을 개량하고 더 나은 종자를 만드는 방법을 개발한다면서 끊임없이 화학물질을 뿌려 땅을 죽이기 시작했습니다. 고작 잡초를 없애려고 말입니다. 시간이 갈수록 해충들은 내성이 생겨 강해졌고 익충은 잡초와 함께 사라졌습니다. 자연의 섭리죠. 이 죽음의 농업은 모든 것을 해칩니다."

마르쿠스는 언성을 높이며 내뱉듯이 말했다.

죽음의 농업의 근간에는 대기업 간의 비즈니스가 있다. 그리고 그 자리에 지속 가능성과 그 이상이 들어갈 틈은 없다. 2016년 가을, 독일의 화학기업인 바이엘은 미국 기업 몬산토를 660억 달러에 인수해 세계에서 가장 큰 종자회사가 되었다. 몬산토는 지난 20년간 유전자 변형 상품으로 미국의 곡물과 콩 종자시장의 지배자로 군림했다. 곱씹어보면, 죽어버린 땅에서도 작물을 경작할 수 있고 라운드업과 같은 제초제에 내성이 생긴 해충들에 맞설 수 있는 슈퍼종자라고 할 만한 기업이다. 몬산토는 자신들의 행동을 앞으로 다가올 식량 부족에 대응하는 것이라고 정당화하지만, 사실 그들의 수단과 동기는 어떤 기준으로도 지속 가능성에 부합하기는 커녕 진실하지도 않다.

유엔UN의 식량권리 특별보고관인 힐랄 엘버와 인권과 유해물질 특별보고관 바스쿳 툰작은 2017년에 발표한 보고서에서 "제초성분의 사용을 늘리는 것은 기아 문제 해결과 아무 관련도 없다"고 명시했다. 적어도 식량 문제에서 화학적 제초의 필요성은 신화일 뿐이라고 함으로써 몬산토 같은 기업들의 실체를 드러낸 것이다. 보고서에 따르면, 오히려 화학물질을 사용하지 않을 때 수확량이 증가한다. 문제는 가난하고 교육을 받지 못한 농부들이다. 그들로서는 수십 억 대 규모의 비즈니스를 이끄는 살충제 거인들의 가르침을 따르는 것 외에 선택의 여지가 없다. 유엔이 기업들의 비윤리적인 마케팅을 비난하면, 기업들은 농부의 부주의를 탓한다.

다행히도 커피업계에는 고된 노동을 하는 노동자들을 대변하고 생산자들을 지속 가능한 방향으로 발전하도록 도와주는 사람들이 있다. 좋은 예로 들 수 있는 게 부룬디에서 활동하는 미국인 벤과 크리스티 칼슨 부부가 2011년에 시작한 '롱 마일스 프로젝트'다. 칼슨 부부는 원래 커피 구입차 부룬디에 갔었는데, 결국 현지에 가공시설을 세웠다. 이들의 목표는 지역의 소규모 커피 농가가 세계 각지의 로스터리와 직접 거래할 수 있도록 교육하고 돕는 것이다. 그렇게 하면 생산자들의 수입이 늘어 스스로 커피 생산량을 늘리고, 품질 향상에도 신경 쓰기 때문이다. 칼슨 부부는 커피업계에 부룬디 생산자들의 이야기도 전하고 있다.

동아프리카의 부룬디는 전 세계에서 손꼽히는 가난한 나라로, 커피 생산 농가의 연평균소득이 40유로에 불과하다. 부룬디 커피는 오랫동안 품질이 낮은 값싼 상품으로 인식되었다. 실제로 커피체리 역시 그리 좋지는 않았다고 한다. 칼슨 부부의 프로젝트는 커피 생산 농가의 생활수준을 개선하는 데 중점을 두었다. 그렇지 않아도 적은 수입을 화학비료와 같은 불필요한 데 쓰지 않도록 가능한 한 자연적이고 지속 가능한 방법을 제안했다. 하지만 생산자들은 일정한 행동모델에 사로잡혀 있었다. 땅에 비료를 주라고 하면 그렇게 했고, 수확도 일정한 방법으로 하라고 지시하면 아무 의심도 하지 않고 따랐다. 인간은 새로운 것에 두려움을 느끼는 존재다. 그래서 화학비료와 살충제를 사용하지 말자는 제안에 생산자들은 수확이 어떻게 될지도 모르는데 하며 위험하게 느꼈을 것이다. 그러나 칼슨 부부는 우연히도 불가항력의 도움을 받아 자신들의 제안을 도입시키는 데 성공했다. 농업용 화학물질을 판매하는 노르웨이 기업 야라_{Yara}의 제품 공급이 일시 중단되었을 때였다. 생산자들은 최악의 사태를 두려워했지만, 놀랍게도 커피나무는 화학비료와 제초제 없이도 잘 자랐다. 이에 힘입어 롱 마일스 프로젝트는 2017년 말 유기농 인증 프로젝트도 시작하게 되었다.

인증 시스템은 죽음의 농업의 대항마처럼 보이지만, 의문점이 많다. 인증의 원래 의도는 농업에 일정한 기준을 세움으로써 농업에 종사하는 사람들의 인간적인 노동환경과 생활이 가능한 수입을 보장하고, 화학비료의 사용을 줄이는 것이다. 처음에는 고학력에 소득 수준이 높은 소수의 소비자에게 인기가 있었다. 그런데 적절한 품질과 가격에 도달한 공정 무역 바나나가 인증을 받지 않은 바나나와 큰 차이가 없어 보이면서 인증제가 널리 알려지고 큰 인기를 끌기 시작했다. 높은 교육 수준과 정보 접근성 등이 일정 정도에 이른 나라에서는 소비자가 이런 상품을 구매해 사회적으로 영향력을 행사한다는 생각이 강하다. 2010년대 유럽의 평균적인 소비자들은 사회적인 면에서도 환경적인 면에서도 자신의 선택이 가져올 영향을 고려해 구매를 결정한다.

이렇게 인증제도가 판매에도 영향을 미치자 인증제도 사이에도 경쟁이 생겼다. 현재 가장 잘 알려진 인증은 공정 무역일 것이다. 공정 무역 홈페이지의 첫 화면에는 이들이 지향하는 바가 잘 나와 있다.

우리는 공정 무역을 통해 세계에서 가난한 나라가 사라지고, 생산자가 지속 가능한 생활과 자신의 미래를 스스로 결정할 수 있는 가능성이 실현되는 것을 목표로 한다.

이처럼 공정 무역은 노동자의 노동환경과 생산자의 소득 증대에 집중한다. 그리고 친환경과 품질을 명시했다. 하지만 공정 무역 인증은 갱신이 불가능하다는 점에서 한계가 있다. 커피 생산 농가는 시장에서 요구되는 품질을 달성한 경우 자유 시장에서 더 좋은 값을 받는다. 따라서 공정 무역 인증은 부가가치를 창출하지 않는 비용처럼 느껴진다. 유행과 사람들의 관심사가 변하면서 시장은 공정 무역보다 유기농 인증을 더 중요하게 여긴다. 이는 소비자가 건강에 관심을 가지면서 소비자행동이 변화하는 알기 쉬운 예다. 서양 소비자들은 유기농 인증이 붙은 식품이라면 기꺼이 더 많은 돈을 지불할 준비가 되어 있다. 그런데 유기농 인증은 노동 환경에는 큰 신경을 쓰지 않고 순전히 자연과 환경에만 집중한다. 그러다 보니 노동 문제는 간과되고 만다.

  품질을 중요시하는 '제3의 물결 커피third-wave coffee'의 업계 전문가들 사이에는 기존의 인증 시스템이 환경이나 노동자의 인권 같은 좁은 범위에만 집중한다면 금세 막다른 길에 다다르지 않겠냐는 이야기가 빈번하게 오간다. 이를 뒷받침하듯, 2017년에는 환경, 지속 가능성, 노동환경 등 광범위한 분야에서 활동하는 레인포레스트 얼라이언스Rainforest Alliance와 커피, 코코아, 차의 사회 및 환경적 요구 조건에 초점을 맞추는 UTZ가 단일 인증으로 합쳐졌다. 레인포레스트 얼라이언스로 거듭난 이 인증단체는 조금이라도 기후변화 속도를 줄이고 지속 가능성과 농업 종사자의 노동환경 개선을 목표로 하며, 인도에서 인도네시아, 과테말라에서 가나에 이르기까지 폭넓은 지역을 망라한다. 일종의 종합 인증에 가까운 이 인증 로고가 있는 커피를 구매하는 소비자는 환경만

이 아니라 생산자와 지구의 미래도 생각하는 상품이라고 인식할 것이다. 그래도 이 인증은 '종합적 품질Total Quality' 개념에는 해당하지 않는다. 품질 인증이 가능한 커피업계의 단체와 협력해 인증에 품질을 포함하는 절차가 빠졌기 때문이다. 자유시장에서 품질에 더 높은 값을 쳐주는 이상, 인증 시스템 조사관들의 금지사항 목록이 모든 생산 농가의 관심을 끌일은 없을 것이다.

인증의 의도는 좋지만, 더 중요한 것은 전체 생산 단계의 목표가 지속 가능한 커피 생산과 그에 따른 생산자의 노동환경을 보장하는 쪽으로 향하는 것이다. 이와 관련해서는 이윤을 추구하는 대형 커피 로스터리에 반복해서 요구할 필요가 있다. 그런 면에서 세계에서 1인당 커피 소비량이 가장 많은 핀란드의 커피 기업 구스타브 파울리그Oy Gustav Paulig Ab가 공개적으로 윤리적인 운영모델에 기반한 활동을 강조하는 점은 많은 것을 시사한다. 파울리그의 홍보 담당자 아니타 락센은 이메일 인터뷰에서 UTZ 인증을 받은 생두에 5~10퍼센트의 인증 지원 비용을 지불한다고 밝혔다.

"우리는 가능한 한 윤리 및 환경 원칙을 기준으로 복수의 인증을 받는 데 그치지 않고, 생산자들의 수익성을 지속적으로 개선하는 프로그램을 통해 생두를 구매합니다. 프로그램 참가는 자율에 따르며 참가비는 없습니다. 생산자가 서비스를 제공한 회사에만 생두를 팔아야 한다는 의무도 없습니다. 프로그램에 참여한 생산자와는 함께 농장의 수입과 지출을 점검하고 농장의 수익성을 개선할 해결책을 찾습니다. 동시에 환경과 사회적인 위험 요소도 점검합니다. 프로그램은 계속해서 개선해 나가는 것을 기본으로 하며, 지역의 농업경제학자와 농업과학자, 그 외에 개발학 전문가가 참여해 후속 조치도 진행합니다."

이런 프로젝트 중 하나가 '커피와 기후Coffee&Climate'이다. 파울리그는 업계의 다른 대형 기업들과 함께 이 프로젝트에 관여하고 있다. 우리는 돈과 시간을 이와 같은 조직을 운영하고 토론하는 데 쓰는 게 합리적인지, 아니면 대량으로 판매되는 생두의 킬로그램당 가격을 몇 유로 올리는 게 나은지 생각해봤다. 후자를 택한다면 생산자의 소득이 올라감과 동시에 매입 조건으로 동시에 지속 가능한 커피 재배를 요구할 수 있을 테니 말이다.

저렴한 커피를 생산하는 대형 기업들은 노동환경과 인권 문제가 불거진 농장에서 생두를 구매한다는 비난을 받아왔다. 아동노동과 저임금은 이런 농장에서는 일상적인 일이다. 핀란드의 시민단체 핀워치Finnwatch는 2016년 가을, 보고서를 통해 이런 문제를 제기했다. 보고서에는 파울리그에 대한 언급도 있었다. 당시 파울리그의 구매 담당자 카타리나

아호는 핀란드의 주요 일간지《헬싱긴 사노맛*Helsingin Sanomat*》과의 인터뷰에서 옛날 일이고 해당 농장에서 구매한 생두는 소량이었다며 크게 문제 삼지 않았다. 또한 아호는 인증 받은 제품을 구매함으로써 기업 책임이 커지며, 농장에 감시를 강화한다면 부당한 일은 일어나지 않을 것이라고 했다. 하지만 파울리그는 커피의 이력을 추적하는 일이 문제의 해결책이 될 수 없을 뿐더러 불가능하다고 했다. 예를 들어, 콜롬비아의 농장들은 너무 작아서 어떻게 해도 생산자를 모두 찾아낼 수 없기 때문이라고 한다.

그러나 마음만 먹으면 작은 농장이라 하더라도 찾을 수 있다. 적어도 그들이 이용하는 가공소는 찾을 수 있다. 그리고 만약 여러 농장의 원두가 블렌딩되어 포장지에 각각의 생산자를 표기할 수 없다 해도, 지금과 같은 인터넷 시대에 500그램 커피 포장지에 투명성과 원두의 스토리를 전하는 수단은 여러 가지가 있을 거란 생각이 든다.

이후 파울리그는 여러 면에서 기업 책임을 전면적으로 내세우게 되었다. 우리는 파울리그의 그런 행보에 경의를 표한다. 이 책을 쓰면서, 우리는 커피업계의 책임이란 것에 대해 여론을 포함해 미디어에 등장하는 내용에도 주목했다. 우리의 의견을 밝히자면, 인증제도를 각별히 강조하는 것에 한 가지 의문이 생겼다. 이런 프로젝트들은 순수한 선행일까? 아니면 엄격해진 소비자와 사회의 요구에 따른 것일까?

우리는 현 상태를 바꾸는 데 감시가 가장 좋은 방법이라고 생각하지 않는다. 물론 개선되는 부분도 적지 않지만, 한계가 있다. 개인의 자유를 비롯해 여러 인권 문제가 제기될 수 있다. 만약에 모든 것을 감시한다면 생산자를 새장에 가두는 것과 다를 바가 없다. 그릇된 행동을 하지 않을 동기를 부여하도록 노력하는 게 더 중요하지 않을까?

많은 소규모 생산자에게 인증 획득과 관리는 비용이 많이 드는 방법이고, 그만큼의 자본과 인력을 확보하는 건 어려운 일이다. 동시에 그들은 비싼 화학비료를 살 금전적 여유가 없는 경우도 많고, 그렇기 때문에 그들의 커피는 유기농이다.

공장형 농장과
도둑질하는 원숭이들

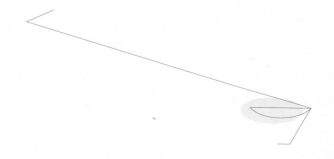

산업형 농업을 하고 있는 공장형 농장은 '정글 같은' FAF나 어수선하고 퇴비를 뿌린 흙냄새가 코를 찌르는 친환경 농장과는 매우 다른 곳이었다. 우리는 커피를 찾아 떠난 모험을 하며 공장형 농장도 방문했다.

우리를 맞이한 것은 농장주인 아버지와 농학을 공부한 영어를 할 줄 아는 아들이었다. 정원에는 수확과 파종, 농약 살포 등에 쓰이는 육중한 농기계들이 즐비했고, 사무실 벽에는 공정 무역과 UTZ 인증 마크가 크게 그려져 있었다. 아들이 통역하는 아버지의 설명은 주로 생산량과 노동자의 수, 매출, 주요 고객과 제품에 집중되어 있었다. 이들은 커피 외에 와인도 생산하는데, 농장의 역사나 운영 가치에 대해서는 아무것도 듣지 못했다. 농장주는 이야기를 하며 '품질'이라는 단어를 빈번하게 썼지만, 동시에 우리에게 대접한 것은 품질이 낮고 맛도 좋지 않은 오래된 캡슐 커피였다.

가정부가 차린 맛있는 점심을 먹은 후에 본격적으로 농장을 둘러볼 수 있었다. 본채는 나무가 없고 타는 듯한 직사광선이 내리쬐는 밭의 한가운데에 있다. 그렇게 먼 거리가 아닌데도 손님들을 SUV 자동차에 태워 농장을 보여주었다. 손님들의 신발이 더러워지는 것을 방지하려는 차원이었다. 오른편의 잡초 없이 완전히 드러난 맨땅에서 점선 모양으로 줄을 지어 자라나는 커피나무들과 왼편의 건조한 땅과 잘린 나무들을 보고 우리 일행 중 누군가가 유기농에 관한 농장의 계획을 물었다. 대화는 칼로 자른 듯 끊겼고, 그 이후론 말없이 조용히 포도밭으로 향했다.

공장형 농장에서는 유기농 농장에 비해 커피나무가 훨씬 높이 자라게 하는데, 열매를 더 많이 얻기 위해서다. 기계로 수확을 하기 때문에 나무를 굳이 사람 키에 맞게 잘라 관리할 필요가 없다. 커피나무는 되도록 촘촘하게 줄을 맞춰 심는데, 그러면 훨씬 적은 면적에서 많은 양을 수확할 수 있다. 문제는 아래쪽 가지들은 그늘 속에 남아서 여기에 달린 커피체리는 대부분 수확기가 되어도 익지 않은 상태라는 점이다. 기계로 위쪽 가지들을 먼저 수확하고 나중에 아래쪽을 수확하는 것으로는 문제를 완전히 해결할 수 없다. 이런 농장은 물량으로 품질을 만회하려고 하므로 이런 문제를 그리 심각하게 여기지 않는다. 어쨌거나 차이는 커피 맛에서 느껴 진다.

포도도 셰이드 트리가 제공하는 보호 없이 작열하는 뜨거운 태양 아래 일렬로 서 있었다. 넓은 포도밭은 면으로 된 가리개로 덮여 있었는데, 농장주는 격한 말투로 그 배경을 설명했다.

"아무리 허수아비를 밭 주변에 세우고 하늘에다 산탄총을 쏴대도 소용이 없어요! 새와 원숭이가 날이 갈수록 뻔뻔스러워져서 우리 농작물을 훔쳐 먹으러 온다니까요."

수백 미터 앞의 숲을 가리키는 농장주의 손이 부들거렸다.

인간과 자연이 어우러져 살아가는 FAF가 떠올랐다. FAF에서는 새와 원숭이가 풍요로운 자연에서 식량을 얻기 때문에 커피 농가를 괴롭힐 필요가 없다. 그러나 이 공장형 농장에서는 먹이를 찾던 원숭이가 땅에 떨어진 작물을 먹고 탈이 나지는 않을까 싶었다. 농장에서는 아무 냄새도 나지 않고, 일꾼들을 빼면 다른 생명체는 보이지 않는다. 귀뚜라미가 우는 소리조차 들리지 않고 넓은 들판에는 스프링클러와 기계 소리만 메아리칠 뿐이었다. 돌아오는 길엔 점심에 무엇을 먹었는지 생각하고 싶지도 않았다.

커피로 유명한 브라질에서 북유럽에는 들어오지 않는 고급 와인을 생산한다는 것을 아는 사람은 그리 많지 않을 것이다. 전문가에 따르면, 지금까지 브라질 와인의 품질이 일정하지 않았고 포도농장의 매우 의심스러운 노동환경이 원인이라고 한다. 또한 장기 해상 운송은 품질 좋은 와인의 가격을 껑충 올려버린다.

세계에서 가장 큰 와인 구매상으로 꼽히는 스웨덴의 시스템볼라겟Systembolaget과 핀란드의 알코Alko는 다양한 저가 남미 와인을 판매하는데 대개 칠레나 아르헨티나산이다. 이 나라들의 와인은 대부분 대량생산으로 저렴하게 제조되었고, 포도 수확과 생산에 커피 농가와 마찬가지로 여러 가지 문제가 산적해 있다. 가격이 저렴한 것은 유럽에 도착한 후에야 보틀링(압축공기와 질소를 써서 병에 주입하는 과정—옮긴이) 작업이 이루어지기 때문이다. 와인 농가에는 병, 코르크, 라벨 비용이 안에 들어가는 와인을 팔아 받는 도매가보다 더 높을 수도 있다. 시스템볼라겟과 알코는 보틀링을 도착국에서 하는 것은 이미 병에 담긴 와인에 장기 해상 운송은 좋지 않기 때문이라고 설명해왔다. 우리는 남미산 와인 하면 이국적이고 좋은 품질을 떠올린다. 지금까지 북유럽의 두 독점기업은 그런 이미지를 마케팅에 잘 이용했던 것이다.

커피의 품질과 마찬가지로 와인도 윤리와 환경 측면

에서 수준을 높이려면 먼저 근본적인 문제를 해결해야 한다. 소매점의 근시안적인 가격 경쟁은 우리들 소비자에게 식품이 싸다는 인식을 심어주었다. 그래서 소비자는 꾸준히 질 좋은 제품을 요구하면서도 비용을 더 지불할 생각은 하지 않는다. 커피도 와인도 시장에서는 저렴하지만, 그 소비자가격에는 생산자가 공정한 또는 최저한의 대가로 받을 몫이 없다. 즉, 우리가 저렴한 커피와 와인을 마시는 동안 노동자와 자연에 대한 착취가 이루어지고 있다는 것이다. 이런 상황을 타개할 방법을 고민하지 않는다면, 문제는 해결되지 않은 채 계속될 것이다.

나무의 정령과
자연이라는 오케스트라

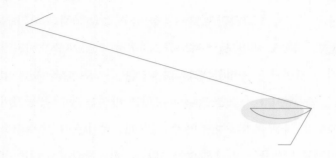

먼지가 잔뜩 앉은 교실에 선 우리의 선생님 마르쿠스가 세월의 흔적이 묻은 칠판에 '퍼머컬처permaculture'라고 쓴다. 이 단어는 모든 살아 있는 존재에게 '올바른 집을'이라는 뜻을 담고 있다. 나무를 올바른 장소에 심으면, 자연이 나무를 돌본다. 하지만 옳지 않은 곳에 심는다면 심은 사람이 모든 일을 해야 한다. 영양분과 물을 주어야 하는 것은 기본이고, 약을 쳐야 할 일도 생긴다. 하지만 그렇게 돌봐도 나무는 '올바르게' 자라지 않는다. 그래서 존 로코의 가르침을 이해하는 것이 중요하다. 자신의 위치, 토양, 농작물 선정, 그리고 모든 것을 어떻게 아우르고 풍성하게 키워낼지 등. 간단히 말하자면, 우리를 둘러싼 자연과 함께 살기 위해 노력하는 것이 중요하다. "모든 것은 해가 어디서 뜨고 어디로 지는

지에서 시작합니다. 태양은 가장 중요한 에너지의 근원이기 때문입니다. 언제든 태양이 어디 있는지 자연의 흐름을 알아야 합니다"라고 마르쿠스가 설명한다.

"사계절 태양이 비추는 나라에서는 특히 볕이 토양에 직접 내리쬔다는 것을 알아야 합니다. 너무 건조하면 작물이 죽고, 그 반대라면 잡초가 자랍니다. 조금이라도 생명이 있는 곳에는 잡초도 있습니다. 뭔가 기르고 싶다면 잡초를 뽑아야 하지만, 라운드업 같은 제초제는 쓰면 안 됩니다. 상황은 복잡합니다. 나무 그늘을 얻으려면 나무를 심어야 합니다. 하지만 이때 심을 나무는 토양만이 아니라 작물과도 맞아야 합니다. 모두 함께 연주하는 오케스트라 같은 일이죠. 같은 곡을 같은 톤으로 연주해야 하는데, 그렇지 않으면 불협화음이 나죠. 서로의 소리가 들리지 않는 겁니다."

마르쿠스의 목표는 그가 가지를 자르거나 물을 주지 않아도 자연이라는 오케스트라가 스스로 연주하게 하는 것이다. 사람들은 나무에 크게 신경 쓰지 않아도 된다. 나무는 그 자리에서 자라고 비가 오면 물을 얻는다. 마르쿠스는 원시림과 인위적으로 조성된 숲의 차이를 강조했다. 원시림은 수령 1,000년이 넘은 나무들이 있는 신의 숲으로 손을 대면 안 된다. 만들어진 숲은 관리하고 개간되어 커피를 재배하는 곳이 되기도 한다.

"우리는 여러 그루의 커피나무를 유심히 봤습니다. 한 그루는 아주 잘 자랐는데, 아마 새나 원숭이가 떨어뜨린 커피체리에서 싹이 튼 것일지도 모르겠어요. 큰 나무 아래에서 자라고 있었지요. 이런 '올바른 집'이 더 많이 있으면 좋겠다고 말했죠."

우리는 마르쿠스의 강의를 듣는 틈틈이 농장을 둘러보았다. 여기저기에서 크기가 다른 커피나무 묘목이 보였다. 우리가 방문한 시기가 마침 수확기라서 어딜 가든 손으로 딴 커피체리가 거대한 자루에 담겨 건조대로 향하는 것이 눈에 띄었다. FAF에는 종자를 발아시키는, 덮개를 씌운 전용 종묘장도 있었다. 처음 모종을 화분에 심고 서너 달이 지나면 먼저 줄기가 나와 끝에 열매가 달린다. 그리고 떡잎이 돋아난다. 농장의 베테랑 일꾼이 모래사장에 아이를 내려놓듯 부드러운 땅에 묘목을 옮겨 심는 것도 볼 수 있었다. 이 노련한 일꾼은 흰 스텟손Stetson(미 서부 스타일 의류 브랜드─옮긴이) 모자를 썼는데, 햇볕에 그을린 얼굴에 흘러내린 회색 머리카락과 날카로운 눈빛이 마치 브라질의 카우보이 같았다.

커피 묘목은 9~15개월가량 지나 키가 30센티미터 정도 되어서야 진짜 재배지로 옮겨진다. 옮겨 심은 묘목을 튼튼하게 하려면 가급적 큰 나무 그늘 아래에 두는 게 좋다. 직사광선은 급격한 성장과 급수를 부르기 때문이다. 주변에 다양한 동물과 식생이 존재한다면 이 묘목은 지속 가능한 기반 위에서 재배되는 것이다. 동시에 자연은 햇볕과 그늘을 조절해준다. 커피나무의 키는 수확할 때를 고려해 가지치기를 해서 작은 상태를 유지한다.

서너 살이 된 커피나무는 꽃을 피운다. 대략 이틀 사이에 집중적으로 피고 지는데, 아름다운 흰 꽃이 커피체리로 바뀐다. 짧은 개화기는 커피 재배에서 특히 중요한 시기이다. 만약 이 기간 동안 서리나 폭우가 내리면 꽃가루받이가 원활하지 않아 작황이 나빠진다. 우리가 FAF에 방문했을 때 상파울루에 폭우가 쏟아져서 크로체 가족의 커피 수확 상태가 걱정스러웠다. 다행스럽게도 우리가 북쪽의 태양을 끌고 온 모양인지 머물던 일주일 동안 비는 한 방울도 내리지 않았다. 이른 아침의 이슬이 커피나무의 잎을 적셨을 뿐, 장마 덕분에 공기가 무척 맑았다. 하지만 안타깝게도 점점 빨라지는 기후변화로 커피 재배가 어려워지고 있다는 사실을 실감할 수 있었다. 커피 생산국들은 과거 언제, 어느 정도의 비가 내릴지 꽤 정확하게 예측했었지만, 최근에는 예측 자체가 무의미할 정도로 어렵다. 2000년대와 2010년대에 걸쳐 커피 생산국은 심한 가뭄과 폭우로 인한 수확량 감소로 어려움을 겪고 있다.

커피체리는 30~40주가 되면 익어서 적절한 당도에

도달한다. 커피체리를 수확하는 방식은 두 가지다. 전부 한 번에 따거나, 완전히 익은 것만 골라서 여러 번에 걸쳐 따거나. 한 번에 모두 따는 것을 일괄수확이라고 한다. 기계나 손으로 따는 이 방식(기계수확Mechanical Harvesting과 스트리핑 Stripping으로 나뉜다—편집자)은 관목에서 모든 커피체리를 딴 뒤에 설익은 것, 농익은 것, 상한 것을 기계로 솎아낸다. 일괄수확은 빠르다. 매일 250킬로그램씩 수확하는 것도 가능하다. 그러나 분류 작업을 통과한 질이 좋지 않은 커피체리는 수확물 전체의 품질을 떨어뜨린다. 익은 것만 하나씩 손으로 따는 것을 선별수확(핸드 피킹Hand Picking)이라고 한다. 손이 많이 가지만 수확물의 고른 품질을 보장할 수 있다.

전 세계의 커피체리는 거의 기계를 이용해 수확하는데, 대부분 설익거나 농익은 것이라 그대로 커피의 맛에 영향을 미친다. 설익은 커피체리는 쓰고, 농익은 커피체리는 잘 익은 커피체리의 당도나 산미와는 다른 맛이 난다. 기계로는 커피체리의 색조를 식별할 수 없기 때문에 색깔을 바탕으로 얼마나 익었는지 가늠할 수 없다. 기계수확은 처음에는 태양에 가까운 위쪽 가지를 수확하고 점점 아래로 내려와 그늘진 아래쪽 가지에서 커피체리를 거둬들인다. 안타깝게도 재배 농가조차 커피체리의 익은 정도와 맛의 상관관계를 이해하는 사람은 드물다. 그래도 완전히 익은 커피체리의 무게가 더 나간다는 것을 아는 생산자들이 늘고 있다. 무게에 따라 가격이 매겨지기 때문이다.

　　잘 익은 것만 골라 손으로 따는 선별수확은 맛있는 커피의 전제 조건이다. 색이 제대로 들었을 때 수확한 커피체리는 자연스런 단맛이 있고, 커피 맛 프로파일도 독특하고 흥미롭다. 물론 선별수확은 손이 많이 가고 시간도 많이 들어 그다지 효율적이지 않다. 커피체리는 익는 속도가 제각각이라 생산자들은 같은 나무를 두세 번씩 다시 찾아야 한다. 품질에 중점을 두는 소규모 로스터리 중에는 생산자가 선별수확을 하도록 추가 비용을 지불하는 곳도 있다. 우리는 FAF 곳곳에서 가지에 흐드러지게 매달린 커피체리와 수확한 커피체리로 가득 찬 자루를 봤다. 아직 익지 않은 커피체리들은 옆에 있는 바나나 나무가 제공하는 그늘 덕분에 적절한 양의 햇빛을 받고 있었다.

　　일괄수확도 선별수확도 제 나름의 근거가 있다. 브라질 같은 경우, 기후와 토양 덕분에 대부분의 커피체리를 비슷한 시기에 수확할 수 있다. 그래서 커피체리의 75퍼센트 정도가 익으면 한 번에 모두 수확해 선별하는 게 여러 번에 걸쳐 다 익은 것만 골라 따는 것보다 경제적이라는 것이다. 다만 설익거나 상한 것이 섞여 수확물의 품질이 얼마나 낮아지는지는 또 다른 문제다.

지속 가능한 농업에 전념하는 농장에서는 잡초도 손으로 뽑아서 시간이 꽤 드는 일이 된다. 반면 공장형 농장에서는 라운드업 같은 제초제를 써서 땅이 오염되고, 식생에도 영향을 끼쳐 미생물도 사라진다. 이런 화학물질이 사람에게도 좋을 리가 없다. 만약 이 화학물질로 작은 생물들이 죽는다면 어떤 방식으로든 큰 개체인 우리에게도 영향이 있다는 건 의심할 여지가 없다.

마르쿠스는 우리를 환대하는 의미로 특별한 장소로 안내했다. '교회'라고 부르는 곳으로 FAF 부지에 있는, 자연 그대로의 열대우림 속에 있었다. 마르쿠스는 대개 아침에 교회에 갔기 때문에 우리도 수탉이 우는 새벽에 눈곱이 낀 눈을 비비며 따라나섰다. 본채에서 몇 킬로미터 떨어진 열대우림을 향해 걷는 동안 5월 이른 아침의 상쾌함이 오감을 일깨웠다.

널빤지 조각을 이어 만든 계단을 따라 내려가자 경이로운 풍경이 펼쳐졌다. 숲속 깊은 곳으로 이어지는 가파른 길을 높이가 수십 미터에 달하고 가지에 이끼가 낀 덩굴이 주렁주렁 달린 수백 년 된 나무들이 둘러싸고 있었다. 나뭇가지가 우거져 초여름의 아침부터 열대 지역의 동물원 안으로 들어간 것 같았다. 빛이 차단되어 서늘하고 습기가 소맷부리로 스며들었다. 공기는 가볍고 깨끗했다.

숨 막힐 듯한 여러 향기와 풍부한 산소, 새들이 지저 귀는 소리가 밀려와, 우리를 둘러싼 자연에 현기증이 날 것만 같았다. 마르쿠스는 널빤지 길을 따라 작은 계곡 바닥에 흐르는 개울을 넘어 숲에서 가장 오래된 나무 앞으로 데려갔다. 마르쿠스는 나무 주변에 벤치를 만들어 놓았는데, 조용히 앉아 심호흡을 하고 평온을 찾기 위해 설치한 것이다. 둘레가 수 미터, 높이가 수십 미터가량 되는 나무의 솟아오른 뿌리에 앉아 있으니 자신이 얼마나 작은 존재인지 느껴졌다.

"벌목 이후 30년 동안 사람들이 드나들지 않아 다시 나무가 자란 곳에 가보면 땅이 충분히 쉬어 미생물이 풍부합니다. 가서 덩굴식물을 잘라내고, 제일 좋은 나무를 골라 잘 솎아낸 다음 커피 묘목을 심습니다. 카카오나무처럼 그늘을 좋아하니까요."

마르쿠스는 에티오피아에는 수령 300년에도 결실을 보는 커피나무가 있다고 알려주었다. 중앙아메리카에는 작고 가난한 농장이 있어서 커피는 자연 그대로 숲의 나무 그늘 아래서 자라고, 일하는 사람들은 수확할 때만 농장에 간다.

마르쿠스는 "브라질의 공장형 농장에서는 거의 모든 커피나무가 직사광선 아래 방치되어 있습니다. 허허벌판에 나무 한 그루, 새와 벌은커녕 아무것도 없습니다. 생명이 없으니 물도 없습니다"라고 토로했다.

서양에선 보통 목재에서 얻는 것은 화장지와 인쇄용
지뿐이라고 생각한다. 마르쿠스는 이 주제에 관해 커피만큼
이나 열정적으로 이야기를 이어갔다.

"땅에서 뽑힌 나무에 대해 한 번이라도 생각해본 적
이 있습니까? 나무줄기 아래에 무엇이 있을까요?"

질문을 던진 마르쿠스는 우리가 대답하기도 전에 이
어 말했다.

"뿌리! 땅속에 묻혀 있던, 땅 위에 있는 가지보다도
굵고 여기저기 뻗어 있는 뿌리입니다. 뿌리는 나무에 따라
다릅니다. 뿌리는 땅에 따라서도 달라요. 뿌리는 영양분이
있는 곳으로 뻗어나가기 때문에 물이 있는 곳으로 향합니다.
나무에 물을 주면 뿌리는 움직이지 않고 그 자리에 머물며
약해집니다. 좋은 땅에서 자연스럽게 자란 나무의 뿌리는 생
명력이 있고 강합니다."

마르쿠스는 나무를 J. R. R. 톨킨의 판타지 소설 『반
지의 제왕』에 나오는 나무의 정령 엔트족인 것처럼 이야기
했다. 나무들이 땅 아래에서 물과 영양분을 향해 뿌리를 뻗
는 모습은 상상만으로도 꽤 흥미로웠다.

"거대한 나무는 땅속 깊은 곳에 있는 지하수를 향해
뿌리를 뻗음과 동시에 땅 위로 끌어올리는 존재입니다. 휘발
유를 한 탱크에서 다른 탱크로 옮겨본 적 있나요? 똑같습니

다. 휘발유를 빨아올리는 것과 비슷한 일이죠. 나무들은 땅속에서 땅 위로 지하수를 빨아올려 숲을 만듭니다. 그래서 나무를 베어내면 물은 땅속 깊은 곳으로 돌아가 버리죠. 많은 농장이 생산량을 극대화한다며 나무를 죄다 쓰러트리는데, 사실 물을 끊어버리는 일입니다. 나무가 주는 가장 중요한 것은 물입니다. 물이 있으면 무엇이든 할 수 있어요."

동서고금을 막론하고 나무가 베푸는 선의에 대한 이야기는 차고 넘친다. 배고픈 사람에게 열매를, 걷다 쓰러진 여행자에게 서늘한 그늘을 주고, 나무꾼에게조차도 그루터기로 한때의 편안함을 준다.

"어떤 나무들은 그저 가져가기만 하고, 어떤 나무들은 좀 더 많은 것을 줍니다. 그래서 내가 지금 어떤 나무를 필요로 하는지 잘 관찰해야 합니다. 어떤 나무는 땅에서 모든 걸 빨아올리는데, 어떤 나무는 비옥하게 합니다. 나무는 미생물을 유인하고, 미생물은 또 다른 생물을 유인하지요. 새와 동물들이 옵니다. 그러니까 나무를 쓰러트리는 건 거기 있는 많은 생명을 없애는 겁니다."

나무는 약육강식이란 자연 순환의 근간이다. 마르쿠스는 커피 경작에서 나무의 가장 중요한 역할은 그늘과 물이라고 말한다.

"브라질의 농장에는 물이 없습니다. 땅에 끊임없이

화학물질을 뿌리고 나무들을 모조리 베어내고 있지요. 화학물질은 그대로 지하수까지 스며들어 모든 것을 죽입니다. 수원水源도 없어지죠."

마르쿠스는 과학의 발달이 가져오는 세분화를 걱정한다. 그들은 연구 대상을 분야별로 나눈다. 그 후에 그 분야에 하위 분야를 추가하고, 인간이 원하는 형태로 선별한 전체를 재결합한다.

마르쿠스는 자연은 다양성을 추구한다고 말했다. 마르쿠스만 이렇게 생각하는 게 아니다. 아들 펠리페의 멘토였던 에밀슨 자니와 세계의 이런 움직임에 대해 같은 생각을 나누곤 했다. 크로체 가족이 FAF를 상속한 후 마르쿠스가 에밀슨을 찾아갔을 때, 두 사람의 약속 장소는 1,000년 된 나무의 거대한 뿌리가 아니라 그보다 수천 년은 더 된 바위였다. 두 사람은 바위에 앉아 커피에 대한 이상理想을 이야기하곤 했다.

"에밀슨은 눈앞에 펼쳐진 풍경을 잘 지켜서 자식에게, 손주에게, 그 자손에게 물려주고 싶다고 했었습니다. 참 멋진 풍경인데 사람들이 다 망가뜨리고 있다며 도와달라고 했었죠. 미국에서 무역일밖에 해본 적 없는 저한테 말이죠."

에밀슨 이야기를 한 마르쿠스는 잠시 생각에 잠겼다.

"3년째 되던 해 에밀슨이 암 선고를 받았습니다. 4월에 진단을 받았는데, 8월 초 겨우 서른아홉 살의 나이로 세상을 떠났습니다. 우리는 포기하지 않고 그가 꿈꾸던 일을 계속하겠다고 맹세했지요. 그때 에밀슨이 점점 약해지고 작아지는 걸 보는 게 무척 괴로웠습니다."

마르쿠스는 조용히 사랑해 마지않는 나무를 바라보았다. 한동안 우리는 아무 말 없이 앉아 있다가 열대우림의 한가운데에서 농장의 별채, 아침식사를 알리는 종이 있는 곳으로 돌아왔다.

마르쿠스의 멘토에는 존 로코 외에도 파울루 알메이다가 있다. 알메이다는 2001년 브라질 유기농 커피 생산자 중 최초로 '컵 오브 엑셀런스Cup of Excellence'에서 우승했다. 커피 농가는 컵 오브 엑셀런스에서 누가 더 품질 좋고 결점 없는 커피를 생산하는지 겨룬다. 우승한 농가의 커피는 그해 수확한 물량 전체가 경매에서 판매된다. 경쟁에서 좋은 성적을 거두면 소정의 상금도 탈 수 있지만, 무엇보다 농장의 인지도가 올라가 커피업계에서 좋은 평판을 얻어 향후 판매가 쉬워진다. 경쟁은 지속 가능한 발전을 위한 주요 요소다. 생산자들이 좋은 품질과 가격의 상관관계를 보다 잘 이해할 수 있는 계기가 되기 때문이다. 또한 경쟁에서 승리한 경험은 생산자들에게 자신의 생산물과 농장 운영 방식에 대한 자긍심을 심어준다. 알메이다는 그 누구에게도 유기농을 한다고 말한 적이 없었지만, 이제 브라질 파젠다 산타 테레지나의 파울루 세르지우 알메이다는 커피업계의 유명인사다. 마르쿠스는 알메이다의 방식이 FAF에도 맞는다고 믿는다.

"농장의 작은 땅을 골라 실험을 했습니다. 작물을 밭이랑에 따라 심었죠. 그 사이에 트랙터가 다닐 수 있는 정도의 고랑에는 다른 작물을 심었습니다. 바나나, 아보카도, 망고, 콩 같은 것이었는데, 그래도 트랙터가 지나갈 수 있었지요. 줄을 지어 심은 것은 여러해살이 작물이었고, 그 사이에 심은 것은 한해살이 작물이었습니다. 왜 한해살이 작물을 사이사이에 심었냐 하면 한해살이가 끝나면 비료가 되거든요. 그래서 생분해성이 뛰어난 작물을 심은 겁니다."

문제는 트랙터가 다닐 수 없는 곳에는 잡초도 생기는 것이었다. 여전히 사람이 필요했고, 비용이 많이 들었다.

이런 경우 궁합이 좋은 작물, 즉 공영식물共榮植物의 조합을 생각하는 게 효과적이다. 공영식물을 심을 때는 뿌리와 다양한 그늘뿐 아니라 농장의 연간 수확과 수입으로 이어질 수 있도록 계절과 작물의 종류를 고려해야 한다. 이런 농업 방식을 혼농임업 혹은 섞어짓기(혼작)라고 한다.

이 방법은 작물들이 방해받지 않고 자라고 죽은 후에 썩어 비료가 되는 것을 뜻한다. 나무들의 무성한 잎사귀는

108

그늘을 만들어 태양의 자비 없는 직사광선으로부터 작물을 보호한다. 낙엽은 분해되어 땅의 영양분이 된다. 나무들은 해충을 잡아먹는 새들의 집이 될 뿐 아니라 뿌리가 지하수를 끌어올려 스프링클러 따위를 사용해 인공적으로 물을 줄 필요를 없앤다. 사람이 할 일은 '올바른 집'을 만드는 것뿐이다. 잡초를 뽑고 수원을 보호해 자연이 방해받지 않고 일할 수 있도록 보장하는 것이다. 적극적인 자연 농업의 원칙은 중국의 전통의학에 기반한 치료인 침술과 비슷하다. 바늘을 꽂아 신체 자체의 메커니즘을 깨워 스스로 치유할 수 있도록 이끄는 것이다.

"제대로 작동하는 환경을 만들어야 합니다. 그다음에는 재배하고, 수확한 것을 살 소비자를 찾으면 됩니다. 토지 생산력을 극대화하고 수확한 작물을 모두 팔면 성공이라고 말합니다. 하지만 문제는 매수자를 찾지 못하는 경우가 종종 있다는 겁니다. 그러니까 먼저 스스로 수요를 만들어야 합니다. 작물에 대한 이야기를 전하고 사람들이 그걸 이해할 수 있도록 해야 합니다."

마르쿠스는 그렇게 했고, 성공했다. FAF의 작물은 커피 외에도 계속 늘고 있다. 찾기 힘든 유기농 옥수수와 콩의 씨앗도 판매한다. 옥수수 농사는 섞어짓기에도 적합해 커피를 심기 전에 옥수수를 심는 것도 추천하고 있다. 그 외에도

FAF에서는 토지 임대, 유기농 축산, 양봉과 과일로 소득을 다각화했다. 실비아의 요가 피정과 각종 행사와 더불어 일종의 에코투어리즘도 성장하고 있다. 그리고 이 모든 것의 기반에는 커피가 있다.

유기농과 품질,
비슷하지만 다른

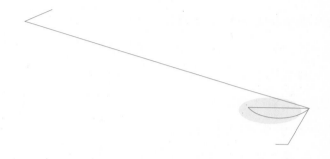

유기농과 품질은 비슷한 것이라고 혼동되곤 한다. 사람들은 유기농이라고 하면 품질이 확연히 좋을 것이라고 여기지만, 깨끗한 음식이 맛있는 음식이냐고 하면 그렇지 않은 것과 같다. 커피 같은 기호품의 경우 유기농=맛있는 커피라는 등식은 성립하지 않는다. 하지만 유기농이 아니라도 맛있는 커피일 수는 있다. 물론 유기농이고 맛도 있다면 이상적이지만, 두 가지를 모두 충족하지 못한 경우에는 용어 사용에 주의할 필요가 있다.

또한 어떤 인증도 품질을 보장하지는 않는 점을 기억해야 한다. 인증을 신청한 부분이 문제가 없어도 다른 부분에서 문제가 있을 수 있다. 예를 들어 품질이 전부라고 생각하는 생산자지만 유기농 인증을 들어본 적이 없어 인증 절차를 밟지 않았을 뿐 수확물은 유기농인 경우도 있다.

마르쿠스는 유기농 커피를 유기농 토마토와 비교하는데, 여러 과정을 거쳐 제조되는 커피와 달리 잘 익은 토마토를 먹었을 때 맛의 좋고 나쁨을 바로 알 수 있다.

"유기농 커피라고 해도 오래되거나 습기를 머금어 상태가 좋지 않을 수 있습니다. 지속 가능성과 품질, 유기농에 관해서는 업계 최고의 전문가들도 그 차이를 확실히 이해하지 못하는 게 현실입니다."

오늘날 제품 패키지에 인쇄된 유기농 인증 로고가 판매에 막대한 영향을 끼치는 나머지, 브라질의 어떤 유기농 생산자들은 신속하고 저렴하게 대량생산을 하려고 노예노동을 방불케 할 정도로 일을 시킨다고 한다. 유기농이라서 팔리는 것은 알지만, 유기농 인증 외에도 최소한 공정 무역이나 중간거래상이 없는 직거래 무역 인증도 필요하다. 그러면 최소한 원산지 추적이 가능해 부당한 일이 있을 때 개입도 가능하다. 따라서 우리들 소비자에게도 사회적으로나 환경적으로나 소비자행동에 미칠 수 있는 영향을 고려해 유기농 로고에 숨겨진 것이 무엇인지 판별하는 능력이 요구된다.

유기농은 비싸다는 핑계에 부딪힐 때가 많지만, 너무 비싸면 팔리지 않아 생산자들이 낭패를 본다. 유기농을 하지 않으면 지구의 에코 시스템은 화학비료와 살충제로 고통받는다. 뉴욕, 스톡홀름, 베를린, 헬싱키의 멋진 상점에서 유기농 제품에 붙인 가격표를 보면 오해할 만하지만, 사실 유기농 재배는 그렇게 비싸지 않다. 만약 비싸게 느껴진다면 소매점이나 제조자(커피의 경우 로스터리)가 부린 탐욕 때문이지 생산자를 탓할 수 있는 경우는 드물다. 생산자는 을의 위치에 있기 때문이다. 그러나 다른 사례도 있다. 세계 4위의 귀리 생산국인 핀란드는 유럽연합 법령에 따라 화학비료 사용을 큰 폭으로 줄이는 데 성공했다. 사실 비료 사용은 핀란드가 유럽연합에 가입(1995년 1월 1일―옮긴이)하기 전부터 자연적으로 감소했다. 심지어 어떤 농부들은 최근 40년간 화학비료 사용량을 3분의 1로 줄였다고 말한다. 그래도 수확량에 큰 변화는 없었다.

유럽연합은 화학비료 사용을 엄격하게 규제하고 있으며 생산자에게는 섞어짓기를 요구한다. 홑짓기(단일경작)가 간편하고 경제적이지만, 섞어짓기의 이점을 이해한 생산자들은 이제 유럽연합의 이런 요구에 목소리를 높이지 않는다.

규칙 준수는 농업 지원금의 전제 조건이다. 그리고 많은 생산자가 지원금을 필요로 한다. 이에 더해 유럽연합 국가는 자체적인 규제가 있으며, 핀란드는 그중에서도 엄격하기로 유명하다.

귀리는 예전보다 친환경에 가까운 방법으로 재배되

지만, 수매 가격은 그만큼 오르지 않았다. 가공되지 않은 귀리는 고가의 작물로 평가받지 못하며, 인기가 많은 작물도 아니기 때문이다. 따라서 화학비료 사용을 완전히 중지하고 100퍼센트 친환경 귀리를 경작한다고 해도 지금보다 가격이 오를 가능성은 거의 없다. 귀리유나 풀드 오츠Pulled Oats(핀란드의 스타트업이 귀리, 누에콩 등 식물성 재료로 만든 돼지고기 대체육—편집자) 같은 혁신상품이 식품업계에서 명성을 얻고 있지만, 생산자는 원재료를 제공할 뿐 소득에 큰 변화는 없다. 생산자가 각종 인증을 받더라도 그 수혜는 소비재를 생산하는 이들이 받는다.

우리는 여러 가지 인증을 그대로 받아들이는 경우가 많은데, 제품이 어디에서 오는지 바로 찾아볼 정도의 마음가짐이 필요하다. 제품의 포장에 생산지나 생산자의 이름이 있다면 양심에 따라 재배된 질 좋은 것이라고 말할 수 있을 것이다.

FAF의 옛 학교 교실에서 마르쿠스는 무엇보다 생산자의 양심을 강조했다. 생산자의 양심이 크든 작든 작물의 재배부터 소비자의 손에 들어갈 때까지 모든 단계에 영향을 미친다는 것이다. 마르쿠스는 세상 모든 것을 단순 흑백논리로 나눌 수 없다고 했다. 마르쿠스가 생각하기에 유기농에는 다섯 가지 큰 문제가 있다. 첫 번째 문제는 '노하우'다. 마르쿠스에 따르면, 농과대는 토양을 '살균'하면 인적 비용을 들여 잡초를 뽑을 필요가 없다고 가르친다.

"지금부터 여러분에게 어떤 제품이 필요한지 가르쳐 드릴 테니 잘 들으세요. 그리고 저한테 직접 사시면 됩니다."

마르쿠스가 비료회사의 컨설턴트를 흉내 낸다.

"정보와 지식이 압도적으로 부족합니다. 공장형 농장의 땅은 모두 화학비료로 '살균'되고 그 속의 미생물들은 죽었기 때문에 노하우랄 게 필요 없습니다. 하지만 유기농 농장은 저마다 다른 특징이 있습니다. 태양이 비치는 지점이 다르고, 자라는 나무들이 다르지요. 흙도, 수질도, 일하는 사람 또한 다릅니다. 흙 속 미네랄도, 주변에 있는 동물도, 퇴비도, 흙에 모래와 돌이 얼마나 있는지도 달라요. 다시 말하지만, 땅은 모든 것의 기본입니다."

사람도 기업도 익숙하고 안전한 것을 신뢰한다. 어떤 제품이 나올지 알면 사업 계획과 예산을 세우기 쉽다. 유기농은 품질은 좋을지 몰라도 맛의 편차가 있다. 와인업계에서는 이미 오래전부터 이런 사실을 받아들였다. 같은 농장의 같은 품종의 포도로 만든 와인도 빈티지에 따라 다른 맛이 난다.

두 번째 문제는 '수확'이다. 이 문제도 노하우 부족에서 오는 게 크다.

"노하우가 없기 때문에 수확도 일정하지 않습니다. 유기농보다 기술과 과학이 더 빨리 더 많은 수확물을 가져옵니다. 공장식 축산을 하는 닭은 3주 만에 도축이 가능할 정도의 크기로 자랍니다. 반면, 자연 방사한 닭은 석 달이 걸립니다. 애초에 경쟁이 불가능하죠. 어떤 닭을 먹을지 결정하는 건 소비자의 몫입니다. 모든 것에 다 같은 원리가 적용됩니다. 무엇을 재배할지는 결국 소비자가 결정합니다."

마르쿠스는 목소리를 높였다.

공장형 농장에서는 많은 수확물을, 무엇보다 일정한 양의 수확물을 생산할 수 있어 쉽게 예측하고 계획을 세울 수 있다. 고객에게 매년 특정 생산량을 약속할 수 있어 거래도 사전에 협의할 수 있다. 땅이 텅텅 비어 아무것도 나지 않게 될 때까지는.

세 번째 문제는 가격이다. 의외지만, 이 가격은 노동력과 정비례하지 않는다. 유기농에는 더 많은 노동력이 투입되기 때문에 생산비용이 상승하고, 이에 따라 제품의 가격 역시 올라간다.

"유기농 농장에서는 잡초도 일일이 손으로 뽑아버립니다. 브라질 같은 나라에서는 1년 내내 잡초가 자라기 때문에 제초 작업은 농장에서도 중노동에 속하지요."

네 번째 문제는 수확량이다. 유기농 농장은 규모를

키우기 어려운데, 공장형 농장처럼 계획대로 돌아가지 않고, 수확량 예측도 어렵기 때문이다. 또한 유기농 농장들이 생산하는 수확물의 질과 양이 제각각이라 협동조합 결성도 쉽지 않다. 한 농장에서 통하는 방법을 이론화하거나 그대로 적용한다 해도 잘되는 것은 아니기 때문이다. 마르쿠스가 든 사례는 의외였다.

"스톡홀름에는 세계 최고의 유기농 농장이 있습니다. 바이오다이내믹biodynamic(농장을 유기체로 보고 순환과 균형을 강조하는 농법—옮긴이) 농장인데, 수확량은 적습니다. 공장형 농장은 저장고를 작물로 가득 채우고, 사람들은 다른 일을 합니다. 은행은 그런 농장에 농기구를 사고 저장고를 늘릴 수 있도록 더 많은 돈을 빌려줍니다."

마르쿠스의 얼굴이 점점 어두워졌다.

다섯 번째는 무척 어려운 문제인데, 소비자 그러니까 시장이다. 마르쿠스는 유기농이니까 돈을 더 내겠다고 말하는 사람이 있을 것 같냐고 물어보았다.

인증을 받은 제품은 품질이 좋아야 한다. 좋은 품질로 더 많은 소비자를 유인하고, 재구매로 이어지도록 소비 성향을 바꾸지 않으면 안 된다. 유기농이니까 사볼까 하는 것은 한두 번이다. 어떤 물건을 사느냐에 따라 지구가 어떤 영향을 받는지 안다 해도 품질이 좋지 않으면 안 된다. 그만

큼 품질은 절대적이다. 마르쿠스가 보기에 유기농에 기꺼이
더 많은 비용을 지불하려는 소비자는 극소수이다. 유기농과
공장형 농장 제품의 윤리적 측면이나 건강에 미치는 영향의
차이를 인정하는 사람들도 꽤 드문데, 모르는 척하는 게 편
하고 공장형 농작물의 맛에 이미 익숙해졌기 때문이다.

하지만 소비자들이 구매한 것이 윤리적이고 친환경적
인지 어떻게 확인할 수 있을까? 만약 포장이나 기업이 제공
하는 정보에서 농장의 위치나 생산자의 이름을 찾을 수 없다
면, 공정 무역과 유기농으로 이중 인증을 받은 상품을 구하는
편이 확실하다. 이로써 상품이 청정하고 건강한 자연에서 왔
으며, 생산자들 역시 적절한 보상을 받고 있다는 점을 알 수
있다. 소비자는 기업에 투명성과 기업 책임을 요구할 수 있
다. 정보 공개와 투명성은 식품산업계의 흐름이기도 하다.

소비자에게 공정 무역, 직거래 무역 같은 용어는 바
로 이해가 되지 않는 불친절한 용어다. 마케팅상의 정보 전
달 방법도 부정확하다. 핀란드의 시민단체 핀워치는 많은 소
규모 로스터리가 마케팅상 용어를 정확하게 쓰지 않는다고
지적했다. 어떤 소규모 로스터리는 커피 생산국에 가본 적이
없음에도 직거래 무역을 한다고 홍보한다. 이런 경우, 그 로
스터리와 거래하는 도매상이 직거래 무역을 하는 곳이라 해
도 로스터리는 거짓 홍보를 했다는 비난을 피할 수 없다. 기

본적으로 직거래 무역도 인증제를 도입할 수 있고 그에 관한 국제 기준을 만들 수 있겠지만, 그러면 시장에는 다시 새로운 인증과 쓸데없는 절차가 생길 따름이다. 인증은 감사勘査와 외부의 점검이 필요한데, 그러면 비용이 발생하고 경직될 수밖에 없다. 반면, 자유 시장에서는 공정 무역 커피보다 고품질 커피가 더 좋은 가격으로 거래된다. 즉, 품질 향상에 힘쓸 동기가 된다. 하지만 고품질 커피라고 해서 생산자와 노동자가 정당한 보수, 인간다운 노동 조건 속에서 일하고 있다고 어떻게 담보할 수 있을까?

사람과 자연을 착취하지 않는 지속 가능한 발전에 품질과 투명성은 무엇보다 중요한 항목이 아닐까? 크로체 가족은 오랫동안 전체를 포괄하는 개념인 '종합적 품질'을 역설했다. 구체적으로는 유기농, 높은 도덕과 윤리성, 타협하지 않는 제품의 질을 의미한다. 마르쿠스는 2017년 9월《파이낸셜 타임스》와의 인터뷰에서 종합적 품질을 이렇게 정의했다.

"총체적인 순환입니다. 경제적·환경적·사회적·정신적으로 지속 가능해야 합니다."

이후 크로체 가족은 종합적 품질의 10가지 기준을 세웠다. 뜻을 함께하는 쌀먹이새 협동조합은 외부의 전문가를 고용해 이 기준들이 지켜지는지 모니터링한다. 모니터링 대상은 수질, 토양의 상태, 섞어짓기, 비료 사용, 농장 노동자들의 건강과 교육, 농장의 재정, 활동의 투명성과 커피의 품질이다. 그 외에 총체적인 평가도 이루어진다. 가능한 한 거의 모든 것을 망라하고 있어서 마르쿠스와 펠리페가 말하는 '100년 프로젝트'는 정말로 종합적 품질을 의미한다는 것을 알 수 있다.

종합적 품질 실현의 전제 조건은 소비자가 지금보다 쉽게 정보에 접근하는 것이다. 만약 모두에게 충분한 정보가 있다면 인증제도는 필요 없을 것이다. 생산자는 자신이 재배한 작물이 얼마만큼의 가치가 있는지, 무엇이 지속 가능한 농업인지 알 수 있다. 소비자는 자신의 선택이 미치는 영향력을 인식하고 단순히 경제적인 제품을 선택하지 않을 것이다. 물론 모든 사람이 이렇게 하지는 않겠지만, 점점 더 많은 사람이 관심을 보이고 행동할 것이다.

2000년대 초반, 유럽에서는 로컬 푸드, 탄소 발자국, 지속 가능성, 식품 이력 추적, 윤리성, 생태적 삶, 품질이 화두로 떠올랐다. 이에 대한 인식이 높아지면서 우리는 지금까지 지속해온 소비 방식이 어떻게 지구를 고갈시켰는지 조금씩 이해하게 되었다. '간결한 것이 아름답다.' 즉, '적을수록 풍요롭다'는 생각이 고개를 들기 시작했는데, 이는 더욱 널리 퍼져야 한다. 생활수준이 상승하고 보다 좋은 것을 소비하게 되었을 때, 품질과 윤리적인 면이 확보되지 않으면 우리는 다시 양적인 면에서 더 많은 것을 요구할 것이다.

문화가 시장을 만든다. 소비 성향과 습관은 문화에 종속되며 시장은 소비 성향을 토대로 형성된다. 시장은 소비자인 우리들이 원하고 필요로 하는 것을 제공한다. 즉, 최종 책임은 우리 소비자에게 있다. 기업은 다만 중개자이며 메시지의 전달자일 뿐이다.

마르쿠스의 강의가 끝난 후 농장의 사무실로 자리를 옮겨 농장의 젊은 세대 펠리페에게 유기농과 품질의 관계에 대한 이야기를 들었다. 사무실에서 요한 앤드 뉘스트룀의 라스 필렌그림이 파나마에서 선물로 가져온 훌륭한 품질의 게이샤 커피를 맛보았다. 업계의 프로들이 모여 커핑용 스푼으로 커피를 홀짝이고, 커핑을 끝낸 사람의 휘파람 소리가 이국적인 새들의 울음소리처럼 사무실 안에 울려 퍼졌다. 어린 시절에 소리를 내며 음식을 먹는 것은 예의가 아니라고 배운 게 머릿속에 떠올랐지만, 커피의 맛을 판별하는 커핑의 한 방법이다. 홀짝이는 소리가 클수록 경험이 많은 테이스터라고 한다.

실비아는 품질의 좋고 나쁨에 있어 펠리페와 생각이 다르다고 했다. 펠리페는 농장의 구세대는 품질에 대한 개념이 전혀 없다고 생각하며, 유기농이 품질을 보장하지 않는다고 생각한다. 반면, 실비아는 유기농이라는 것 자체가 품질의 한 요소를 충족한다고 생각한다. 또한 구세대는 품질이라는 개념을 이해했고 커피의 수확 시기를 제대로 파악하고 있었다고 본다. 그러나 펠리페는 품질 개념이 그 시절과는 다르다고 생각한다.

"그 시절의 품질 기준과 오늘날 저렴한 대량생산 커피를 재배하는 농장이 하는 일을 비교한다면, 물론 선대의 커피가 더 낫다고 생각합니다. 50년 전에는 기온도 2~3도 낮았고 선별 수확이 가능할 정도로 일하는 사람도 많았으니까요. 하지만 지금은 할아버지 때 하던 방식에서 모든 걸 바꿨습니다. 작물의 종류부터 토양의 손질, 셰이드 트리의 역할에 대한 인식까지 모든 게 다릅니다."

그는 왜 건조대가 검은색인지 알고 있느냐고 물었다. 미국에서는 커피체리를 잘 건조시키려면 검은색이 좋다고 가르친다. 왜 그럴까? 건조대가 달궈져 건조가 빨리되기 때문이다. 하지만 건조가 빠른 게 좋지만은 않다. 만약 건조를 빨리 끝내고 창고에 넣고 싶다면 이야기는 달라진다.

"할아버지 때는 건조기를 사용해 3일이면 건조가 끝났습니다만, 지금은 30일 정도 걸립니다"라고 펠리페가 헤아린다. 마르쿠스의 공장식 축산 닭과 자연 방사 닭 이야기가 떠올랐다.

"그분들은 로스팅이나 커핑 등 아무것도 몰랐습니다. 눈을 가리고 운전을 하는 것이나 마찬가지였지요. 작물의 맛을 모르면 무엇을 재배하는지 안다고 말할 수 없습니다. 와인 농가에서 맛을 보지 않고 와인을 만들 수 있을까요? 말도 안 되는 이야기죠."

고품질 커피 재배는 시장 가격과 관련이 없다. 펠리페에 따르면 선대에는 오늘날과 같은 고급 커피 시장이 없었기에 오늘날과 같은 재배 역시 의미가 없었다.

"지금은 시대가 변해 전 세계가 커피를 마시지만, 사람들이 로스팅과 재배, 커핑 같은 것에 관심을 가지기 시작한 지는 20년밖에 안 됐습니다."

펠리페는 믿을 수 없다는 듯 머리를 흔들었다.

"어떤 정보가 생산자에게 도착할 때까지 시간이 꽤 걸리는 경우가 있습니다. 이른바 선진국의 바리스타만 그 정보를 갖고 있는 경우도 있죠. 저는 미국에서 접했는데, 커피 문화가 조성될 즈음 적절한 곳에 있었다는 우연 덕분"이라고 펠리페가 설명했다. 그는 새로운 것을 열린 마음으로 대할 것을 강조했다. 동료 생산자를 향해 이야기를 하는 데 그치지 않고, 실제 현장으로 데려가는 것은 완전히 다르다. 크로체가는 이웃 농장의 주앙 해밀턴을 처음 시애틀의 커피 페스티벌에 데려갔다. 해밀턴은 신세계를 경험한 것처럼 사진을 찍었을 것이다. 듣는 것과 보는 것은 큰 차이가 있다.

"지금은 브라질에도 좋은 카페가 늘고 있어서 생산자들이 차를 타고 외국에 가지 않아도 좋은 커피를 맛볼 수 있습니다. 그래서 생산자에게 이렇게 좋은 상황은 지금까지 없지 않았나 합니다. 스페셜티 커피도 마찬가지입니다. 우리는 시장 자체가 없었을 때, 무얼 하는지도 모르고 일을 시작했습니다. 이제 상황은 완전히 달라져 시장이 존재하고, 자기가 무엇을 하는지 아는 사람들이 있습니다. 직접 확인할 수도 있습니다."

품질을 조금씩 이해하기 시작해 그 차이를 인식했지만 아직 갈 길이 멀다. 펠리페와 마르쿠스가 지속적으로 강조한 종합적 품질의 토대는 유기농과 지속 가능한 커피 재배다.

"아버지는 늘 지속 가능성에 대해 말합니다. 저는 좀 더 품질을 올리고 싶고요. 아버지는 하고 싶은 말씀을 하시면 됩니다. 저한테 중요한 것은 그 커피가 몇 점짜리인가 하는 겁니다"라며 펠리페가 웃음을 터뜨렸다. 언제나 함께 움직이는 두 사람인 만큼 펠리페도 마르쿠스의 이야기를 실비아를 제외한 누구보다도 잘 알고 있는 듯했다.

"그래서 필렌그림 같은 바이어가 우리 농장에 오는 걸 겁니다. 그는 아버지의 이상주의를 높게 평가하지만, 질 좋은 생두를 원합니다. 그래서 저는 아버지랑 자주 충돌하죠. '아버지, 지속 가능성 얘기는 이제 그만하세요. 사람들은 질 좋은 생두를 원해요.' 그러면 아버지는 '아니, 사람들은 지속 가능성을 원해. 어쩌고저쩌고……."

펠리페는 마르쿠스의 흉내를 내며 폭소를 터트렸다.

유기농은 조금 비싸지만 품질을 보장하지는 않는다. 만약 유기농 상품의 가격이 그렇지 상품의 가격과 같다면 생산자들에게 손이 더 많이 가는 유기농을 해보려는 동기를 부여하기 어렵다. 펠리페는 지인 두 명의 사례를 들려주었는데, 한 명은 유기농을 했고 한 명은 아니었다. 두 사람의 커피는 88점을 받았고, 그에 준하는 충분한 보상을 받았다.

"우리는 그들이 커피를 좋은 회사에 팔았고, 모두 만족한다고 여겼습니다. 그런데 유기농 생산자는 화를 냈습니다. 유기농을 해서 수확량이 줄었는데 가격 면에서 차이가 없었으니까요. 결국 이듬해 그는 유기농을 그만두었습니다."

크로체가가 이웃 농장의 커피 유통도 관리했기 때문에 펠리페는 그 일에 일정 부분 책임을 느낀 모양이었다.

"우리는 생산자들이 유기농을 그만두는 걸 원치 않습니다. 하지만 유기농을 함으로써 경제적으로 손해를 본다면 강제할 수도 없는 노릇입니다."

펠리페는 브라질에서 30년 이상 유기농 커피를 재배해온 생산자들을 안다고 말했다. 그들이 유기농 커피 재배를 계속할 수 있었던 것은 다른 농작물에서 얻는 수입 덕분이다. 커피 하나만으로는 부족하다. 가장 성공했다는 유기농 생산자도 커피가 차지하는 비율은 작물 생산량의 절반 정도였다.

"공장형 농장에서는 1헥타르당 약 50~60자루를 수확합니다. 아주 좋은 유기농 농장에서는 1헥타르당 약 25~30자루를 수확합니다. 완전히 기계화된 농장은 하루에 1헥타르당 120자루를 처리합니다. 어떻게 하면 이런 수확이 가능할까요? 땅에 비료를 몇 톤씩 들이붓고 작물의 유전자를 조작해서 가능한 일입니다. 혹은 로부스타의 유전적 특성이 도드라지는 하위 품종들을 교배에 이용할 경우 좀 더 로부스타에 가까운 하이브리드 커피가 나옵니다. 커피의 세계에서는 혼종도 환영받으며, 생산자들은 보다 많은 수확을 기대할 수 있습니다."

그러나 로부스타는 근본적인 해결책이 아니다.

아라비카 대
로부스타

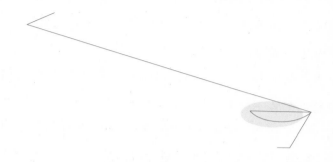

　　지금까지 알려진 커피의 품종은 60가지 정도다. 그중에서 가장 유명한 것이 아라비카Coffea arabica와 로부스타Coffea Canephora다. 각각 아라비아커피, 콩고커피로도 알려진 이 품종들은 전 세계 커피 생산의 대부분을 차지하는데, 아라비카가 3분의 2, 로부스타가 3분의 1가량 된다. 이름에서 알 수 있듯이 콩고커피, 즉 로부스타는 특히 서아프리카에서 많이 재배했지만, 손쉬운 재배 덕분에 동남아시아와 인도, 브라질로도 퍼져나갔다. 아라비카와 로부스타에 이어 시장에서는 거의 보기 힘든 품종으로 리베리카Coffea liberica가 있다.

　　에티오피아에서 발견된 아라비카는 낮에는 따뜻하고 밤에는 상대적으로 서늘한 해발 1,000~2,200미터의 고지대에서 잘 자란다. 연간 강수량도 중요한 재배 조건 중 하나다.

로부스타는 더 뜨겁고 습한 지역에서 자라 기후에 따라 일
년 내내 꽃이 핀다. 반면, 아라비카는 연중 최대 두 번만 수
확이 가능하다. 그래서 동글동글한 로부스타가 타원형에 납
작하고 익는 데 시간이 걸리는 아라비카보다 맛이 떨어지는
것인지도 모른다.

　　아라비카가 풍부하고 다채로운 맛을 내기 위해 긴 시
간을 필요로 하는 데 비해, 로부스타는 병충해에 강하고 날
씨 변화에도 뛰어나다는 장점이 있다. 이런 특징 때문에 로
부스타는 기후변화와 생계 곤란을 겪고 있는 커피 농가가 손
쉽게 선택할 수 있는 대안으로 부상했다. 저울에 생산자의
생활과 소비자의 선호도를 올려놓고 비교할 때 어느 쪽으로
기울지는 자명하다. 그러므로 재배하기 쉽다는 이유로 로부
스타만 재배하지 않도록, 수십 년 내에 멸종될 것으로 예측
된 아라비카를 보존할 수 있도록 생산자들의 교육과 정보 전
달은 매우 중요하다. 질이 좋아지면 생산자들의 주머니 또한
두툼해질 것이다.

　　커피 애호가 사이에서는 아라비카가 매우 높은 평가
를 받고 있지만, 그렇게 간단한 흑백논리로 판단할 수만은
없다. 아라비카 중에는 질이 나쁜 것도 있고, 로부스타에도
나름대로 좋은 것이 있다. 지나치게 아라비카를 선호하는 게
좋지 않다는 업계 전문가들의 주장도 일리가 있지만, 아라비

카와 로부스타의 차이를 비교해 물어본 우리의 설문조사 결과는 명확했다.

지속 가능성과 직거래 무역의 가치를 실천하고 있는 영국의 커피 로스터리 유니언 핸드 로스티드 커피Union Hand-Roasted Coffee의 공동 창립자인 제러미 토츠는 "아라비카는 신선하고 과일의 풍미가 강한 와인을 마시는 것 같고, 로부스타는 같은 와인을 종이팩에 담아 마시는 것 같다"고 표현했다.

커피의 숙성도와 맛, 품종 비교는 와인 시음과 비슷하게 들리지만, 실제로 커피는 와인보다 훨씬 다양한 맛의 요소가 있다. 커피의 품종에 대한 이야기는 대개 주요 품종인 아라비카와 로부스타에 집중되지만, 그 외에도 자연교배된 것이나 인공적으로 교배한 것 등 여러 가지 하위 품종이 있다. 생산자들과 과학자들은 품종 개량을 통해 기후변화와 질병에 강하고 수확량이 더 많은, 펠리페가 말한 하이브리드를 만들기 위해 애쓰고 있다. 모든 품종은 토양과 기후, 재배지의 고도, 화학비료 사용 유무, 정제 방법 등의 영향을 받아 저마다의 특징과 맛을 지닌다. 이와 관련해서는 뒤에서 더 자세히 설명하겠다.

그렇다면 우리는 왜 로부스타가 머지않은 미래에 커피가 직면할 문제의 대안이 될 수 없다고 보는 걸까? 첫 번째로 우리는 현 커피문화 전체를 바꾸고 싶다. 중간 유통업자가 커피의 본래 가격을 왜곡한 탓에 소비자들이 제대로 된 맛있고 좋은 커피를 요구할 줄 모른다. 우리는 마르쿠스의 "보다 적게, 보다 좋은 커피를"에 동의한다. 동시에 좋은 커피에는 지금보다 좋은 가격을 지불하고 그에 따라 빈곤에 허덕이는 생산자에게도 정당한 대가가 돌아갈 수 있게 하고 싶다. 두 번째로 품질을 놓고 봤을 때 로부스타는 아라비카에 비할 바가 아니기 때문이다. 이를 증명하기 위해 복수의 유명 커피 전문가에게 아라비카와 로부스타의 차이를 물어보았다. 응답자의 답변이 우리가 원하는 방향으로 왜곡되는 것을 피하기 위해 질문은 간단하게 만들었다.

1. 아라비카는 어떤 맛입니까?
2. 로부스타는 어떤 맛입니까?

먼저 업계 상위에 있는, 미국 조지 하월 커피George Howell coffee의 창립자이자 회장인 조지 하월에게 연락했다. 하월은 1975년 고품질 커피를 미국 동부 해안으로 들여왔으며, 스페셜티 커피 문화의 선구자로도 알려져 있다. 서부 해안에는 그보다 2~3년 앞서 피츠 커피Peet's Coffee의 알프레드 피트와 스타벅스 커피를 창립한 제리 볼드윈, 제브 시글과

130

고든 보우커가 있었다.

하월은 여전히 현업에서 활동 중이며 고품질 커피를 열성적으로 옹호하고 있어서 우리가 한 질문에 금방 답을 보냈다.

"제대로 된 재배 환경에서 잘 익은 커피체리를 선별 수확해 올바른 정제 과정을 거친 아라비카는 풍부하고 광범위한 맛의 스펙트럼을 가져 견과류에서 초콜릿, 과일에서 꽃 향기까지 폭넓습니다. 맛의 선명도는 수수한 것부터 풍부한 것까지 있죠. 이런 아라비카 커피는 단맛이 있으며 쓴맛은 매우 적습니다."

하월은 로부스타에 대해서는 그렇게까지 파고들지 않았다.

"제대로 된 재배 환경에서 잘 익은 커피체리를 선별 수확해 올바른 정제 과정을 거친 로부스타는 일정한 산미와 견고한 바디감이 섞여 투박한 맛이 있습니다. 에스프레소 애호가들은 단맛이 없거나 아주 조금 느껴지는 맛을 높이 평가합니다."

스웨덴 드롭 커피Drop Coffee의 경영자이자 바이어인 요안나 알름은 열정적인 커피 전문가로, 시장성보다 커피의 품질을 우선순위에 둔다. 세계 곳곳의 커피 산지를 수시로 방문하는 요안나는 드롭 커피에서 쓰는 커피를 누가 재배한 것인지 알고자 생산자들과도 교류한다. 우리의 질문에 대한 요안나의 대답은 짧지만 핵심이 담겨 있었다.

"좋은 아라비카는 풍부한 과일 향과 선명한 맛이 나타나지만, 로부스타는 투박한 팝콘 같은 맛으로 자연의 단맛과 과일 맛이 부족한 게 특징입니다."

스웨덴이 크로체 가족과 가까운 협력국이고, 요한 앤드 뉘스트룀의 커피 바이어 라스 필렌그림이 마침 FAF를 방문했기에 그에게도 질문을 던졌다. 필렌그림은 전 세계를 다니며 질 좋은 생두를 공급할 새로운 협업 파트너를 찾고 있다. 생산자들을 파악하는 것 외에도 적극적인 의사소통과 정보 공유로 어떻게 하면 커피 재배 상황을 좋게 할 수 있을지 모색하는 것도 그의 업무 중 중요한 부분이다.

필렌그림은 아라비카에 대해 "미묘하고 섬세하며, 풍부하고 관능적"이라며 "과일 향에 산뜻한 산미까지 다양하고 풍부한 맛으로 가득"하다고 설명했다.

"그에 비해 로부스타는 모든 면에서 뒤떨어집니다. 로부스타에는 아라비카 같은 산미와 단맛의 조합이 없습니다. 담배, 다크 초콜릿, 그리고 나무 향이 납니다. 심한 경우 고무 냄새가 날 때도 있습니다."

하지만 필렌그림은 로부스타 중에도 좋거나 꽤 괜찮

은 것도 있다고 말했다.

"만약 다 익은 열매만 수확하고 정제를 잘한다면 다크 초콜릿에 가까운 맛이 날 수도 있습니다. 그래도 산미는 부족하지만 전체적으로 좀 더 부드러운 맛이 날 겁니다."

다수의 수상 경력에 빛나는 제러미 토츠는 1990년대 초반 미국에 있을 때 스페셜티 커피 유행에 불을 붙인 인물이다. 1994년, 영국으로 돌아온 토츠는 안경사라는 직업을 버리고 스티븐 마카토니아와 로스터리를 열었다. '토츠 앤드 마카토니아'라는 이름으로 운영된 로스터리는 미국의 시애틀 커피 컴퍼니와 합병, 이후 스타벅스의 소유가 되었다. 2001년, 토츠와 마카토니아는 유니언 핸드 로스티드 커피를 창립했다.

토츠는 커피의 맛을 와인과 비교하는 타입이었다. 그는 도움이 되면 좋겠고, 적어도 재미있기를 바란다는 메모를 덧붙여 답을 보냈다. 그는 "스페셜티 커피의 품질을 가진 아라비카는 네 가지 맛의 그룹으로 구성됩니다. 감귤류와 꽃, 초콜릿과 캐러멜, 견과류와 향신료, 과일 향입니다. 이 맛의 그룹 중 하나 혹은 여러 가지를 느낄 수 있습니다. 최고의 커피는 우아하고 복합적이며 달콤한 산미가 좋은 와인처럼 산뜻한 균형을 가져옵니다"라고 해 로부스타는 또다시 아라비카보다 못한 커피가 되었다.

"최상의 로부스타는 단맛이 돌지만, 이때의 단맛은 화이트 와인의 단맛보다는 사탕수수 시럽 같은 단맛입니다. 일반적으로 로부스타의 맛은 매우 일차원적이며, 두드러지는 특징은 나무 혹은 종이 향입니다. 로부스타의 트레이드마크는 다크 로스팅에서 오는 강한 쓴맛입니다. 덕분에 많은 소비자가 로부스타가 진한 커피라고 생각할 수 있습니다. 아라비카와 비교하면 세련된 맛과는 거리가 먼 진한 맛이라고 할 수 있습니다."

우리는 하이유 커피HiU Coffee로 유명한 파나마의 그라시아노 크루즈에게도 질문했다. 크루즈는 스페셜티 커피 세계에서 슈퍼스타이자 전통에서 벗어나 새로운 방식을 실험하는 인물로 알려져 있다.

크로체가와 마찬가지로 크루즈에게도 품질, 유기농, 지속 가능성은 중요한 가치다. 그는 마르쿠스와 펠리페처럼 전 세계를 누비며 생산자들에게 지속 가능하고 생두의 질을 높일 수 있는 노하우를 제공하고 있다.

크루즈에게 아라비카와 로부스타의 맛의 차이에 관한 견해를 묻자, 그는 먼저 향을 언급하고, 그다음에 맛에 대해 이야기했다.

"아라비카는 꽃에서 캐러멜, 초콜릿에서 향신료까지

순수한 향이 있습니다. 아라비카는 정제 방법에 따라 향기의 강도가 달라집니다. 향은 달콤하며 워시드냐, 내추럴이냐, 허니 프로세스냐에 따라 향기의 강도는 3단계로 나뉩니다. 워시드가 가장 옅고, 내추럴이 가장 강합니다."

크루즈는 아라비카의 맛이 전체적으로 매우 깨끗하고 단맛이 있다고 평가했다.

"과일과 허브 향이 나고, 꽃 같은 산미가 있는데 쓴맛은 전혀 없습니다. 향신료와 크림 같은 카카오 또는 초콜릿 맛이 느껴집니다. 그리고 맛의 경향에는 꽃향기와 달콤한 과일, 약간의 향신료가 가미됩니다. 아라비카 커피를 마시면, 강한 바디감과 길고 깨끗한 뒷맛을 느낄 수 있습니다."

크루즈가 로부스타에 대해 많은 것을 말하지는 않았지만, 희미한 희망이 엿보였다.

"제대로 된 워시드 정제를 거쳐 건조한 로부스타에서는 초콜릿 향이 진하게 납니다. 내추럴 정제를 거쳐 건조시킨 로부스타에서는 과일 향이 강하게 납니다. 만약 제대로 정제하지 않았다면 잡미가 섞이기 쉽고, 가죽·흙·곰팡이 같은 냄새가 납니다. 워시드 로부스타는 중간부터 높은 정도의 산미가 있고, 단맛은 거의 없습니다. 로부스타는 초콜릿이나 카카오 같은 강하고 묵직한 바디감이 있습니다. 잘 정제하면 크리미한 뒷맛이 길게 남습니다. 만약 정제에 실패하면, 뒷맛은 아주 쓰거나 스모키한 맛이 납니다. 내추럴 정제를 거친 깨끗한 로부스타에 약간의 단맛과 색이 진한 과일이 가미된다면 흥미로운 맛일지도 모르겠습니다."

가족을 중심에 두는 크루즈는 가족 농장에서 일하는 아이들과 소규모 농장의 아동 노동 문제에도 관심을 기울였다.

"북유럽은 농장을 어떻게 운영합니까? 아이들이 방과 후나 수확기의 방학 때 부모님의 농장 일을 돕나요?"

그렇다. 분명 도울 것이다. 우리들의 경험은 여름방학에 할머니 댁에서 삼촌이 모는 트랙터에 앉아 건초용 풀베기를 도운 것뿐이지만.

로부스타의 집약적 재배와 그와 관련한 문제의 교과서적인 예는 베트남에서 찾아볼 수 있다. 베트남은 커피 생산국 가운데 생산량 면에서는 상위에 들지만, 품질의 위상은 꽤 다르다. 불과 10년 전만 해도 브라질 역시 같은 상황이었다. 그러나 전 세계 커피 생산량의 3분의 1 이상을 차지하는 브라질에서는 질 좋은 커피를 생산하고자 노력한 몇몇 농장 덕분에 이미지 개선에 성공했다. 베트남은 생산량으로는 브라질의 뒤를 이어 세계 2위이며, 두 나라가 생산하는 커피의 양을 합하면 전 세계 생산량의 절반을 넘는다.

베트남의 커피 농장은 대부분 수확량이 많은 로부스타를 재배한다. 품질과 가격의 상관관계에 대한 이해가 없었던 탓에 생산량을 최대한도로 높이는 데 집중한 결과가 로부스타였다.

2010년대에는 초과수확으로 말미암아 커피의 세계시장 가격이 하락하기도 했다. 가격이 너무 떨어진 나머지 현지의 커피 기업들은 대출금을 상환하지 못해 결국 많은 기업이 도산하는 사태가 벌어졌다. 문제는 세계시장 가격이 하락하는데도 고품질 커피는 여전히 비싸다는 사실이다. 이는 소비자들을 혼란스럽게 할 수 있다. 국제상품거래소에서 거래되는 커피는 대량생산된 커피를 의미한다. 고품질에 수작업으로 하나하나 정제된 커피는 항상 국제상품거래소가 아닌 곳에서 판매되며, 품질이 가격을 결정한다.

어떤 상황에서도 강한 생명력을 자랑하는 로부스타는 대개 인스턴트커피와 저렴한 에스프레소의 블렌딩용으로 쓰인다. 베트남은 생산자 대부분이 커피 가격과 질의 관계를 모르는 현저한 예일 것이다. 베트남의 생산자들은 더 나은 정보가 없는 상황에서 저렴하고 낮은 품질의 로부스타 재배에 만족한다. 인스턴트커피를 판매하는 다국적기업으로부터 옥수수를 재배하는 것보다 훨씬 나은 가격을 받을 수 있기 때문이다. 베트남의 농산물 수출에서 가장 큰 비중을 차지하는 것은 쌀이지만, 커피가 강력한 경쟁자로 떠오르고 있다. 그 결과, 베트남의 생산자들은 자연보호구역에서도 커피를 재배하기 시작했다.

　　아시아 외의 지역에서도 로부스타를 재배한다. 브라질에서는 아라비카뿐 아니라 로부스타도 활발하게 재배되고 있다. 2018년 초 로이터의 보도에 따르면, 니카라과와 과테말라에서는 로부스타 플랜테이션 확대 프로젝트가 실행 중이며, 생산량은 5배로 늘어날 것이라고 한다. 커피 생산자 관련 단체는 생산자들에게 아라비카에 집중할 것을 장려하지만, 병충해에 강하고 기후변화에 강한 로부스타는 여전히 더 매력적인 선택지다. 단, 반대의 경우도 있다. 코스타리카는 1988년에 이미지 개선을 노리고 로부스타 재배를 완전히 중단했다.

포르탈레자 농장
이야기

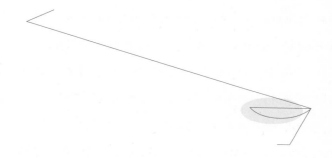

FAF 본채 거실의 소파에 앉은 실비아 바헤투가 지내는 데 불편한 점은 없는지 물어보았다. 우리는 그녀를 인터뷰할 적절한 순간을 오매불망 기다렸었다. 1850년에 문을 연 이 농장의 역사와 그동안 있었던 변화의 실타래를 풀어낼 수 있는 건 FAF의 상속자인 실비아만 할 수 있기 때문이다. 창문으로 불어오는 산들바람이 햇볕에 달궈진 뜨거운 집 안에 기분 좋은 서늘함을 선사했다. 몸이 푹 잠기는 소파의 쿠션에 기대 실비아의 이야기를 들었다.

이야기는 실비아의 증조부 필리스미노 무니즈 바헤투에서 시작된다. 바헤투 집안은 브라질 북동부로 이주해 사탕수수로 생계를 꾸렸다. 프랑스에서 유학한 필리스미노는 졸업논문에서 사탕수수 산업을 분석했다. 실비아와 그녀의 사촌은 그 논문을 최선을 다해 복원하고 있다. 실비아는 후손들에게 가문의 역사를 전하는 것을 무척 중요하게 여기는 듯하다. 이런 자료들에 따르면, 바헤투 집안은 종교재판을 피해 포르투갈에서 이주한 유대인이었다고 한다. 실비아는 농업보다는 상업에 종사하는 인물이 많았다고 말했다.

"역사를 공부하는 사촌이 증조부가 남긴 글을 읽어 보라고 했어요. 분명히 흥미로운 무언가를 찾을 수 있을 거라고 생각했죠. 읽으면 읽을수록 증조부의 생각과 제 생각이 비슷하다고 느꼈어요. 예를 들어, 하나의 작물만 재배하는 단일 경작을 반대했고, 생산자와 소비자 간의 직거래를 추천하는 메모도 있었습니다."

프랑스에서 돌아온 가문의 선구자는 알고 있는 모든 사탕수수 농부들을 모아 미국으로 데려갔다. 거기서 가격 책정과 상품거래소에 관한 지식을 얻고, 보다 강하고 결단력 있는 사업가가 되는 법을 배우게 했다.

그러나 필리스미노는 그렇게 길게 연구를 지속하지 못했다. 동창생이 있던 카리비아로 여행을 갔다가 열대병을 얻어 아들, 즉 실비아의 할아버지가 5살일 때 사망했다.

고아였지만, 부유한 부모님의 재산을 물려받은 실비아의 할아버지 프란시스코 무니즈 바헤투는 농장 운영 방향을 틀어 사탕수수 대신 커피를 재배하기 시작했다. 그는 커피가 사탕수수보다 더 달콤한 미래를 약속할 거라고 보고 24살에 커피벨트에 위치한 모코카로 이주했다. 그리고 모코카에서 농장을 개척하고 있던 집안의 여성과 결혼했다.

"할아버지는 무역업에 종사하셨습니다. 고모님들이 말씀하시기론 농부들이 할아버지에게 커피를 가져와 외국에 팔아달라고 했다고 합니다. 농부들은 외국에 나가서 농작물을 판매한 돈을 가지고 여행하는 것을 두려워했기 때문에 할아버지에게 돈을 보관해달라고 부탁한 모양입니다. 할아버지는 은행을 차려도 되겠다고 말씀하셨는데, 1902년에 정말 그렇게 하셨습니다."

은행은 설립할 만한 가치가 있었다. 실비아의 할아버지는 커피 재배에 관심을 갖고, 은행에서 얻은 수익으로 친척 아주머니가 상속한 '요새'라는 뜻을 지닌 포르탈레자 농장을 구입했다. 그 후 실비아와 마르쿠스에 의해 암비엔탈 포르탈레자, 즉 '자연의 요새'라는 이름이 붙었다.

"우리는 예전에 농장이 어떤 모습이었는지 알 수 있는 문서를 보관하고 있습니다. 커피체리를 얼마나 수확했는지, 몇 그루의 커피나무를 재배하는지, 농장 전체의 기반 시설에 관한 상세한 묘사가 있는 것이죠."

실비아는 눈을 빛내며 말했다. 실비아의 목소리에서 가문의 일과 지역의 역사, 여러 가지 세세한 것에 대한 열정이 느껴졌다.

실비아에 따르면, 그녀의 할아버지 프란시스코 같은 브라질 북동부 사람들은 1888년 노예무역이 금지되었을 때 모코카로 향했다.

"할아버지는 1860년대에 이미 노예제도가 사라질 거라고 예측하셨습니다."

브라질의 역사는 미국과 마찬가지로 노예제도라는 그늘이 드리워진 시기가 있다. 브라질의 노예들은 아프리카로부터 브라질의 바이아 주로 옮겨진 다음 사탕수수나 커피 플랜테이션으로 보내졌다. 미국에서 노예제도는 훨씬 이전에 폐지됐지만, 브라질에서는 폐지될 때까지 시간이 걸렸다. 덕분에 노예의 입국이 금지된 후에도 한동안 노예시장은 번성했다.

"결국 노예제도는 완전히 폐지되었고, 포르투갈의 왕자는 '브라질의 독립을 명한다'고 했습니다. 그 왕자, 페드루 2세가 브라질의 황제가 되었죠."

브라질의 독립 선언은 1889년에 공표되었지만, 미나스제라이스 주에서는 그 전부터 독립운동이 일어났다.

"미나스제라이스 인근에는 자유주의자들과 인텔리겐치아 운동가들이 많았습니다. 열대우림 지역이라 지역민들은 경작과 낙농을 위해 나무를 베어내기 시작했습니다. 듣기로는 노예제에 강한 반감을 나타냈던 지역이라고 하더군요. 하지만 브라질 북동부는 사탕수수산업에 의존률이 높았기 때문에 여전히 노예제가 유지되고 있었죠. 물론 우리 농장에는 노예가 없었다고 믿고 있어요."

실비아는 잠시 생각에 잠기더니 농장이 도망친 노예들의 은신처였을지도 모른다고 덧붙였다.

"브라질에는 도망친 노예들이 숨는 곳으로 '킬롬보Quilombo'라는 공동체가 있었어요. 아마 여기에도 지하 저장실 같은 곳에 은신처가 있지 않았을까 싶어요. 우리 농장에 있는 호수의 하류에는 돌담으로 가려진 동굴이 있는데, 늘 킬롬보라고 불렸죠. 아마 도망친 노예들이 숨어 있던 곳이 아닐까 싶어요."

실비아의 이야기는 머릿속에 남아, 다음 날 농장을 돌아볼 때 여러 가지를 상상하게 했다. 브라질의 자연은 커피농장도 야생의 면모가 살아 있다. 파젠다 암비엔탈 포르탈레자에서의 긴박감은 그 역사뿐 아니라 다양한 식생과 동물들에 의한 것이라는 생각이 들었다. 여기서는 섞어짓기와 자연의 생물다양성을 진지하게 받아들이고 있다. 커피나무와 셰이드 트리의 건조대 사이에서 햇빛에 그을린, 흰 스텟손 모자를 쓴 일꾼들이 바삐 움직인다. 우리가 조깅을 하는 길가에는 노란 독사가 느릿느릿 기어간다. 농장 외곽에 있는 빈 집 여러 채가 수십 가구가 살던 시절을 떠올리게 한다. 버려진 옛 학교 건물 안에는 여전히 책걸상이 늘어서 있는데, 창문 사이로 들어온 햇빛이 책상 위에서 춤추듯 일렁거렸다.

해가 진 후 땅거미가 내리고, 밤의 소리가 강해졌다. 열대우림의 새가 우는 소리와 우리가 묵는 곳의 벽에서 들리는 바스락거리는 소리는 상상력을 자극했고, 낮에 들었던 동굴에 숨은 노예들이 꿈속으로 몰려들었다.

실비아는 인터뷰 도중 틈틈이 자리를 비웠다. 장남인 다니엘 바헤투 크로체가 몇 달 뒤에 결혼하기 때문이었다. 커피 농가의 후계자는 FAF가 아닌 다른 곳에서 결혼식을 올려 실비아가 책임지고 준비할 것이 많았다. 실비아가 온화한 목소리로 여기저기에 지시를 내리는 동안 우리는 벽에 걸린 사진들을 보았다. 사진에는 FAF의 역사와 집안사람들의 모습이 담겨 있었다. 자리로 돌아온 실비아가 이야기를 이어나가기에 앞서 사진 속 인물과 장면에 대해 설명해주었다.

실비아의 할아버지인 프란시스코는 14명의 자식을 두었는데, 그중 셋은 어릴 때 세상을 떠났다. 프란시스코는 아들을 은행에서 일하게끔 교육시켰다. 실비아의 아버지 루이즈 피게이레두 바헤투는 법과 철학을 공부했고, 은행에서 일하면서부터는 농장의 대출을 담당했다.

"아버지는 철학자로서 언제나 양심적으로 일하셨습니다. 환경에 대해서, 그 당시 시장에 나온 지 얼마 되지 않은 살충제와 화학비료가 어떤 영향을 끼칠까에 대해 많이 생각하셨죠. 아버지는 친구와 함께 농장을 시작했지만, 친구가 경작지로 가는 길에 있는 나무들을 없애려고 숲에 불을 지르자 크게 화를 내고 농장을 반으로 나누자고 하셨어요. 나무를 좋아해서 그런 일을 용납할 수 없었던 거예요. 그때는 아무도 아버지의 농장을 좋은 농장으로 여기지 않았어요. 그 시대에는 송두리째 벌목한 '깨끗한' 경작지만 인정받았거든요."

자연을 향한 관심과 강한 정의감은 유전된 것이 분명하다.

전후戰後에는 이른바 농학자들이 생산자들에게 어떤 화학비료와 살충제를 어떤 용도로 써야 하는지 이야기해주기 시작했다. 그들은 마치 서부극에 나오는 엉터리 약장수처럼 화학비료를 팔며 생산자들에게 풍년을 약속했다.

"아버지는 농학자들이 화학비료와 살충제를 사지 않을 수 없게끔 몰아간다고 말씀하신 적이 있어요. 저는 어릴 때부터 주변의 생산자들이 이런 화학물질을 사용하는 것에 혼란을 느꼈고, 무엇이 옳고 무엇이 그른지 알지 못했어요."

1929년, 뉴욕 증시는 폭락했고 미국은 공황에 빠져들었다. 그 영향은 브라질까지 미쳤다. 공황 이전, 브라질의 커피산업은 융성했지만, 몰락과 함께 모두 등을 돌렸다. 많은 생산자가 실비아의 할아버지의 은행에 빚을 졌고 파산에 이르렀다.

"아버지는 돈 대신 농장으로 빚받이를 하는 걸 정말 원하지 않으셨어요. 하지만 선택의 여지가 없었죠. 할아버지가 돌아가신 1952년에 우리 가족에게는 농장이 29개나 남아 있었어요."

1952년에는 29개의 커피 농장의 주인이 된 것 외에 여러 일이 일어났다. 실비아가 태어났고, 아버지인 루이즈의 일이 달라졌다. 루이즈는 농장 경영자로서 사무실에서 사업을 지휘하며 행정 업무를 했다. 필요한 것을 모아 구입하거나 농장 일꾼들의 복리후생을 고려하는 등 여러 일이 생겼다. 따라서 루이즈 자신이 커피나무 옆에서 인생을 보내는 데까지는 여러 해가 걸렸다.

그리고 지방의 농장은 차츰 사라졌다. 1960년대 후반부터 1970년대 초반이었다. 1964년, 브라질은 쿠데타가 일어나 이후 20년간 군사독재정권 아래 있었다. 그리고 불황이 시작됐다.

"행복한 시절이었지만, 어디까지나 독재자의 지배 아래에 있었죠. 우리 가족은 가능한 한 생산량을 늘리기 위해 모든 수단을 동원했어요. 아마도 이게 가족들끼리 농장을 나누게 된 이유가 아니었을까 싶어요. 미래를 보는 관점이 너무 달랐지요. 수익이 있고, 현금이 도는 동안에는 모두 만족했어요. 하지만 불경기가 닥치고 의견이 갈리면서 농장을 분할해 각자 자신 있는 분야에 힘을 쏟기로 했죠. 저희 부모님은 자식들에게 가능한 한 최고의 교육을 받게 하고 싶으셨고, 좋은 학교는 상파울루에 있었으니까 아마도 도시로 가서 은행에서 일하고 싶어 하셨을 거라고 생각해요. 어쨌든 아버지는 농장과 상파울루를 오가며 일하셨고, 차츰 농장에서 마음이 멀어지고 마셨죠."

농장을 분할한 것은 1967년 무렵이었다. 이때까지 농장은 하나의 법인으로 모코카에 창고가 있었다. 창고는 기차역 근처에 있어 창고에 집결한 커피를 화물열차로 산투스까지 운송했다.

"구아슈페, 구아라네시아, 모코카의 농장들은 규모가 컸고, 농장주는 자신의 농장에 살고 있었어요. 카콘데의 농장들은 훨씬 작았고 고지대에 있었고요. 마르쿠스와 저는 이 카콘데에 있는 농장들이 어떻게 운영되는지 궁금했어요. 당시 농장에 기계화가 진행되어 대형 농기계를 구입하는 게 일반적이었죠. 그런데 고지대에 있어 교통이 불편한 카콘데는 농기계를 들일 수 없으니 가치가 전혀 없었거든요."

커피 거래에서 많은 돈이 돌자, 브라질 정부는 커피

에 눈독을 들였다. 정부는 커피가 국가 경제의 구원자이며, 그 수익으로 산업을 발전시키겠다고 했다. 실비아는 그 당시 독재자가 브라질에 자동차산업을 일으키기를 원했다며 코웃음을 쳤다.

"생산자들에게 커피의 직접 판매를 금지했어요. 일정량을 수확해 그중 3분의 1을 헌납하라고 했죠. 그러면 국가가 가격을 조정해 생산자 대신 커피를 판매했답니다. 덕분에 커피산업은 궤멸 수준의 타격을 받았죠."

가격이 낮으니 생산자들은 수확량을 늘릴 수밖에 없었다. 그러자 화학비료와 살충제가 쓰이기 시작했다. 품질은 곤두박질치고 브라질의 커피는 '질보다 양'의 대명사가 되었다.

실비아는 당시의 생산자들이 품질을 이해했는지 못했는지가 문제가 아니라, 일정량을 수확해야 한다는 국가의 압력이 너무 컸다고 했다.

"아버지는 다 익은 것만 딸 수는 없고 덜 익은 것도 따서 섞어야 한다고 말씀하셨어요. 할당량을 채워야 했거든요. 건조 시간을 단축하려고 건조기도 샀죠. 이런 상황이었던 만큼 노동환경도 결코 좋다고는 할 수 없는 지경이었죠."

실비아는 어린 시절이 농장 일꾼의 대우가 더 좋았다고 기억한다. 그 시절 일꾼들의 자녀들은 대학에 진학해 좋은 직업을 얻을 가능성이 있었지만, 생산량을 기반으로 한 경작 방식은 일꾼과 그 가족들의 생활을 더 팍팍하게 했다.

"농장의 미래에 대한 제 비전은 농장과 직원들이 빛났던 시절을 반영한 것이랍니다. 어린 시절 커피와 우유를 생산하는 모코카 농장에서 방학을 보내곤 했어요. 수확기는 끝내줬어요. 모든 사람이 수확하는 데 참여했고, 축하했죠. 주말에는 주변 농장에서 번갈아가며 바비큐 파티를 했어요. 어딜 가든 닭을 길렀고, 옥수수 등 먹을 게 넘쳤죠. 모두 노래하며 놀았고, 소젖 짜기 시합을 벌이기도 했어요. 남자들은 밤마다 세레나데를 합창했죠. 상파울루에서 공부하는 아이들은 농장에 말을 타러 왔어요. 식탁에는 매일 수십 명이 둘러앉았죠. 7월은 아름답고 모두 행복한 계절이었어요."

실비아가 눈가에 웃음을 지으며 과거를 회상했다.

그러나 실비아의 세대는 농장에서 멀어졌다. 커피산업의 황금기가 불황과 함께 지나갔지만, 실비아는 다시 커피의 황금기가 올 거라고 믿었다. 군부독재의 잔혹한 수확량 확보는 농장의 운영방식에도 상당한 영향을 끼쳤다. 생산자들은 자기 일에 대한 열정과 자긍심을 잃어버리고 말았다.

오늘날 소규모 농장의 생산자들은 농장에 머물며 농작물을 살피는 것의 중요성을 이해한다. 하지만 세계의 커피산업이 어떻게 움직이는지도 이해해야 할 필요가 있다.

"카콘데에서 찾은 작은 농장에서 우리가 원하는 최상

의 커피를 생산하고 있다는 걸 깨달았어요. 농장을 소유한 생산자들은 농장과 멀리 떨어진 곳에서 노동법에 저촉되지 않는 한에서 사람을 부리는 대신 직접 일하고 있었죠. 오후 5시가 되면 귀가하고 월급날만 기다리는 사람들이 아니에요. 농장이 제대로 돌아가려면 역시 생산자가 현지에 머물면서 처음부터 끝까지 살펴야 해요. 그래서 우리도 여기 와서 살지 않으면 안 된다고 생각했죠."

농촌으로의 이주는 차츰 트렌드가 되었다. 실비아는 상파울루와 다른 대도시로 공부하러 갔던 세대가 이제 자신의 뿌리를 찾아 농장으로 돌아가고 싶어 한다고 생각한다.

"그들은 옛날에 올바른 방식으로 이루어지던 일에도, 새로운 기술과 노하우가 가져올 변화에도, 오래된 것과 새로운 것을 잘 조합하는 일에도 집중해야 해요. 생산량을 늘리는 데만 집중해 오래된 지혜는 사라지고 말았어요. 그래서 누구도 거기서 자유롭지 못해요. 사람들은 생산량이 가져다줄 꿈을 믿었고, 결국 모두 파산했죠."

실비아가 직설적으로 설명했다.

실비아의 아버지 루이즈는 여러모로 시대를 앞서 나간 인물이었다. 그는 일찌감치 생산자와 소비자 간의 직거래에 주목했다. 철학자이자 은행가였던 루이즈에게는 커피 생산과 관련한 다른 꿈도 있었다. 그 꿈들은 펠리페가 어린 시절 농장에서 여러 해 동안 여름을 보내며 이어 받은 듯하다.

"펠리페의 타투 이야기를 들었나요? 팔 위쪽에 아버지가 스케치한 문양을 새겼답니다. 아무도 아버지가 어린 펠리페에게 어떤 영향을 끼쳤는지 짐작하지 못했죠. 펠리페가 아버지의 뒤를 따라다니며 관찰하고 있었다는 것 또한 눈치채지 못했죠."

나중에 펠리페는 우리에게 타투를 보여주며 할아버지가 자기 커피 브랜드를 위해 스케치한 것이라고 알려주었다.

"그게 할아버지의 꿈이었어요. 생전에 이루지는 못하셨지만요. 농장의 본채 지하실에서 찾았는데, 할아버지는 '카페 헤알'이나 '로열 커피'란 이름을 붙이려고 하셨던 것 같아요. 저는 할아버지를 기리며 이수 에 로스터리와 카페를 만들었죠."

루이즈의 유산은 새로운 세대에 확실히 전해진 것 같다.

협업은
강하다

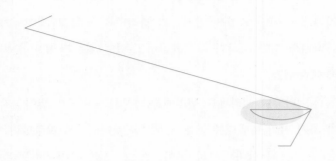

우리는 한때 수십 명이 살았던 텅 빈 집들을 둘러보았다. 인력 감축이 불가피해지면서 빈 집이 생겼다. 크로체가는 일꾼들을 붙잡아 두기 위해 최선을 다했다. 예를 들면, 급여 대신 동업자로 일하자는 제안도 했었다. 그러나 결국 거대한 농장을 여러 개로 나눠 사탕수수 재배와 축사 운영은 근처 농가에 빌려주고, 커피 재배는 규모를 줄여 보다 적은 인력으로 계속했다. 상당수의 직원이 저녁에 텔레비전을 보거나 주말의 여가 생활을 포기할 준비가 되지 않았다. 직원에서 동업자가 되면 이런 여유가 사라진다. 그런 그들을 탓할 수는 없다. 커피 재배는 아침부터 밤까지 해야 하는 중노동이니까.

마르쿠스는 "커피 농사는 소젖 짜기와 마찬가지라고

생각하면 됩니다. 주말에만 하면 되는 일이 아니에요. 매일 해야 하는 일이죠"라고 말했다.

"수확기나 건기에는 커피와 온종일 씨름해야 합니다. 우리 직원들은 주말에 일하고 싶어 하지 않아서 농장을 어떻게 운영해야 할까 고민하다 스트레스를 받았었죠. 고민 끝에 생산량을 줄이고 일정 수준 이상의 품질을 유지하기로 했습니다."

당연하게도 경제적인 어려움이 뒤따랐고, 무언가 해결책을 찾아야 했다. 2000년대 초반 미국의 경제 위기와 조지 W. 부시 대통령의 이라크를 향한 선전포고로 달러의 가치가 떨어졌다. 반면, 브라질은 경제성장으로 점점 부유해지고 있었다. 브라질 정부가 최저임금을 인상하자 많은 농장이 파산했다.

임금 인상과 함께 일의 선택지도 늘었다. 에어컨이 돌아가는 쾌적한 쇼핑몰에 일자리를 얻을 수 있는데, 누가 폭우 속에서 혹은 뜨거운 땡볕 아래에서 일 년 내내 일하고 싶어 하겠는가?

"자연의 선물인 오렌지와 라임 주스보다 코카콜라가 좋다는 인식이 팽배했었습니다. 사람들은 일제히 한 방향으로 향하기 시작했고, 우리는 농장을 다른 방향으로 이끌고 싶었습니다."

식민지 시대를 거친 브라질에서 계급은 절대적이었다. 농장주, 관리자, 직원. 아무도 이 위계질서에 의문을 품지 않았다.

"1980년에 결혼해 가족의 일원이 되었을 때, 농장에는 제 손에 입을 맞추려는 사람이 많았습니다. 규칙도 지금과는 완전히 달랐죠. 하지만 우리는 직원들이 자신의 힘으로 설 수 있게 해주고 싶었어요."

마르쿠스는 교육을 원한 9명의 직원에게 사비를 들여 대학에 진학하게 했다. 실비아를 포함한 농장의 리더 6명은 2002년 보투카투에 있는 바이오 다이내믹 연구소에서 토양과 농작물, 동물과 인간이 형성하는 거대한 틀로서의 생태계에 관해 공부했다. 당시 크로체 가족은 아직 미국에서 원거리로 농장을 운영하고 있었고, 실비아는 3개월에 한 번씩 일주일간의 대면 수업에 참석하기 위해 미국과 브라질을 왕복했다. 실비아 외에 수업을 들은 사람은 농장 책임자 라우루 아시스, 가축 담당 실비우 코스타 룽가, 마르쿠스의 대리인이자 당시 브라질 현지 관리자 에두아르두 에를러 리스, 바헤투 가족을 위해 40년 이상 일하고 은퇴한 호세 알베스, 마르쿠스의 동생이자 삼림 엔지니어인 시루 크로체였다. 이들이 배운 것이 토대가 되어 FAF는 전형적인 농장에서 유기농과 지속 가능한 발전을 목표로 한 농장으로 전환할 수 있었다. 그리고 금세 주변 농장으로도 확산되었다.

"우리는 이웃 농장의 사람들과 그들의 농장에서 일하는 것부터 시작했어요. '질 좋은 커피를 생산한다면 좋은 가격으로 사겠다'고 말하는 바이어들을 그들의 농장으로 데려 갔죠. 하지만 생산자들은 바이어들을 믿으려고 하지 않았어요. 32살의 주앙 해밀턴이 파리에 갔을 때 에펠탑 꼭대기에서 자기가 재배한 커피를 마시는 사진을 인스타그램에 올렸는데, 그게 전 세계로 퍼졌습니다. 모두 그 사진을 봤죠. 주앙이 집으로 돌아왔을 때 상황은 180도 달라졌어요. 생산자들은 어떻게 하면 자기도 파리에 갈 수 있는지 물어봤죠. 이 변화는 바이어들의 귀에도 들어갔고, 그중에서도 스페셜티 커피는 새로운 것이었죠."

마르쿠스는 신이 나서 설명했다.

마르쿠스가 예전부터 하던 무역업 덕분에 먼저 FAF가 주목받았다. 그다음에 마르쿠스의 비전과 해외의 성실한 바이어들을 믿고 새로운 흐름에 올라탄 생산자들이 그 뒤를 이었다. FAF와 처음부터 협력했던 농장 5곳은 저력을 보이며 성공을 거두고 있었다. 그들은 돈을 벌어 농장과 일꾼들의 노동환경을 개선하는 데 투자했고, 자녀들을 대학에 보내면서 일의 가치를 찾게 되었다.

많은 문제가 무지에서 비롯된다. 가난한 생산자에게

커피는 그저 기르고 팔아서 식탁에 오를 음식을 살 수 있는 것에 지나지 않는다.

"그들은 나쁜 커피를 마시고 있다는 걸 모릅니다. 브라질의 아무 농장이나 가서 그곳의 커피를 마신다고 하면……."

마르쿠스가 도리질을 했다.

"커피에는 자연적인 단맛이 있지만 그들은 설탕을 많이 넣습니다. 그리고 아주 강하게 로스팅을 하죠. 우리가 하는 건 교육입니다. 워크숍을 열어서 생산자들을 오게 한 뒤, 자기 커피에 점수를 매기게 합니다. 왜 당신의 커피가 다른 사람의 커피보다 더 가치가 있는지 묻습니다. 이런 과정을 거치며 그저 그런 커피와 좋은 커피의 차이를 이해하게 됩니다. 물론 어떤 사람들은 기분이 상해서 이해하려 하지 않지만요."

마르쿠스에 따르면, 커피 생산국의 발전을 저해하는 가장 큰 걸림돌은 정보 접근성의 불평등이다. 대부분의 커피 생산국은 교육 수준이 낮고 정보 격차가 존재한다. 미국의 리하이대학교의 조교수인 켈리 오스틴이 아프리카에서 두 번째로 커피를 많이 수출하는 우간다의 부두다bududa 지역 생산자들의 생활을 약 1년간 조사한 결과, 인터뷰 대상의 절반 정도만 자신들이 재배한 커피가 음료가 된다는 것을 알왔다. 나머지 생산자들은 빵이나 약을 만든다고 여겼으며, 당황스러울 정도로 많은 생산자가 커피가 무기산업의 원료가 된다고 상상했다. 농업 종사자들의 자녀는 부유층은커녕 중산층 수준의 교육도 받지 못한 경우가 많았다. 이런 환경에서 정보 접근성은 곧 성공할 가능성이 크다는 것을 의미한다.

워크숍에서 기분이 상해 떠났던 사람들이 차츰 마르쿠스의 문을 두드렸다. 이웃 생산자들의 성공이 새로운 집과 더 좋은 자동차로 나타나자 흥미가 생긴 것이다. 마르쿠스는 도움을 청하는 이들을 조금씩 받아들였다. 품질과 지속 가능성이 일정한 수준에 달하려면 몇 가지 단계를 거쳐야 하기 때문이다. 이를 위해서는 인간의 기본적인 욕구를 확실히 고려해야 한다.

변화에는 긴 시간과 인내가 필요하므로 변하고 싶은 사람들에게 달라지고 싶다는 각오와 같은 목적을 향해 나아간다는 태도도 필요하다. 그래서 마르쿠스는 먼저 생산자들이 볼일을 볼 수 있는 장소도 지정했다. 토양에 순수한 자연의 것 외에는 그 어떤 것도 닿지 않게 하기 위해서다. 마르쿠스에 따르면, 생산자가 매일 아무 생각 없이 대충 식사를 하고 농장 여기저기에 볼일을 보면 화학비료와 살충제를 제거해도 의미가 없기 때문이라고 했다. 마르쿠스의 눈에 약간의 장난기가 어렸지만 이 일을 진지하게 대하고 있다는 게 느껴졌다.

품질의 상당 부분을 차지하는 게 수확 방법이다.

"제대로 된 커피체리를 수확하면 품질도 따라옵니다. 푸릇한 설익은 바나나를 수확하지 않는 것처럼 우리는 제대로 익은 것만 수확하려고 합니다. 잘 익은 커피체리만 따서 건조대에 펼쳐놓고 천천히 건조시킵니다. 건조가 끝나면 저장고에 넣습니다. 소중한 아이를 지키듯 보관하며 제대로 로스팅합니다. 그게 전부예요."

이 모든 과정을 이웃 생산자들과 함께했다. 그 결과 지역 전체의 커피 품질이 좋아졌고, 공동 유통도 가능해졌다. 그러나 서로 다른 성격이 부딪혀 배움의 길은 험난했다.

"협업을 시작했을 때 한 사람은 공산주의자였고, 다른 한 사람은 미치광이였고, 또 다른 사람은 선지자였습니다"라며 이제 옛날 일이니까 웃을 수 있다고 한다. 그다음으로 마르쿠스는 동료들에게 물 이야기를 했다.

"쌀먹이새들이 살아갈 곳을 확보하고 싶었습니다. 그래서 이웃 생산자들에게 수원을 보호하도록 가르쳤습니다. 우리가 사는 세상에서 물보다 중요한 것은 없으니까요. 살면서 집 근처나 자기 땅의 수원이 어디에 있는지 알아야 합니다. 그리고 모두와 함께 나눠야 한다는 걸 배워야 합니다. 사람들은 화학비료 등을 뿌려 수원을 망치는 것을 깨닫지 못합니다. 비가 오면 화학물질은 토양에 스며들어 지하수로 향하는데 말이죠."

마르쿠스가 FAF에 와서 제일 먼저 한 일은 어디에 수원이 있는지 혹은 어디에 있었는지를 찾는 것이었다.

"수원과 예전에 수원이 있었던 자리를 찾아 지도에 표시했습니다. 그러면 물의 흐름을 알 수 있습니다. 그다음에는 물길을 연결해 물이 있던 곳에 녹지대를 조성했습니다. 하지만 저는 지식도 돈도 없었습니다. 돈이 없었기에 망정이지, 돈이 있었다면 다 잘못됐을 겁니다!"

마르쿠스는 수원을 지키는 것 외에도 생산자들에게 친환경 비료를 사용하고, 여러 작물을 동시에 경작해 다음 세대에 건강한 땅을 유산으로 물려줄 수 있도록 가르친다.

"그들은 오렌지, 아보카도, 귤 등을 모두 슈퍼마켓에서 샀습니다. 하지만 이제는 다들 집 뒤편에 유기농 과실수와 채소밭이 있어서 이것들이 수원을 지키는 것에도 연결되어 있지요."

변화는 눈에 띄게 드러났다. FAF와 협력하는 모든 소규모 농장이 아무 문제없이 운영되었다. '쌀먹이새'라고 이름 붙인 협동조합을 통해 그들의 이상理想을 널리 알리고, 자연보호에 힘을 쏟으며, 조합원들이 수확한 커피의 유통을 관리한다. 협동조합의 농장 대부분은 상파울루나 미나스제라이스에 있으며 해발 900~1,400미터에서 커피를 재배한다. 예로부터 산에 위치한 농장에는 수원이 있으며, 깨끗한 물은 그 수원이 있는 농장만 쓸 수 있다. 경사지에 있는 농장들은 고도가 낮은 곳에 있을수록 깨끗한 물을 쓸 수 없었다. 지금 쌀먹이새 협동조합에는 생산자들이 보호하는 수원 42곳이 있지만, 더 늘려갈 계획이다.

"현재 산꼭대기에 있는 생산자들과 협력하고 있지만 아직 갈 길이 멉니다. 처음에는 커피의 질을 높이는 것부터 시작합니다. 품질 좋은 커피를 생산해 수입이 늘어나면 우리를 믿어주고, 자기 집 앞마당만이 아닌 다른 곳도 눈에 들어오게 됩니다. 수입이 늘어난 후에 수원을 보호하지 않겠냐고 제안하는 겁니다. 우리는 모두 같은 물을 쓰며 살아가고 있습니다. 이런 사실을 모르는 사람이 많습니다. 하지만 우리 조합원들은 이해하고 있습니다."

쌀먹이새 협동조합은 할 일을 착실히 해나가고 있으며, 생산하는 커피의 품질을 개선해 인지도를 높였다. 현재 협동조합의 모든 농장이 마르쿠스가 개척한 유통경로를 통해 커피를 유통한다.

"우리는 유기농 인증을 받았습니다. 실비아가 요구했죠. 우리가 재배한 것은 다른 농장보다 비쌉니다. 왜 그럴까요? 이해하고 싶지 않다면 이런 걸 신경 쓰지 않는 생산자들의 제품을 사면 됩니다. 품질과 유기농, 지속 가능성 사이에는 차이가 있습니다. 사람들은 지속 가능성이 무엇인지 잘 모릅니다. 스톡홀름 커피 페스티벌에 모인 사람들은 세계 최고이기 때문에 개방적입니다. 우리 프로젝트를 맨 처음 지원한 사람들은 북유럽인이었습니다. 이 프로젝트가 100년짜리라는 점을 기억해주면 좋겠습니다. 우리는 실비아의 아버지가 돌아가신 2001년에 이 일을 시작했습니다. 겨우 20년이 지난 지금 꽤 괜찮은 성과를 거두었습니다."

대개 변화의 가장 큰 동기는 돈이다. 유기농을 선택한 생산자들의 수입이 늘어나자 다른 생산자들은 그들이 어떻게 돈을 버는지 알고 싶어 했다. 유기농 생산자들의 성공에는 북유럽의 소규모 커피 로스터리들도 한몫했다. 생산자들로부터 직접 생두를 사고, 커피 관련 행사에 초대해 이야기를 듣는 일이 늘어나며 그들이 수확한 커피의 가치가 높아졌기 때문이다. 마르쿠스는 생산자들의 꿈이 스톡홀름 커피 페스티벌 같은 데서 청중을 대상으로 이야기를 하는 것이라고 했다.

"사람들 앞에서 말하고, 자기 이름이 적힌 커피 포장을 본다면 그 생산자는 꿈을 이룬 겁니다. 제가 그 꿈을 이룰 수 있었던 것은 큰 행운이었습니다. 꿈을 실현할 수 있었던 것은 미국에서 살면서 무역업을 했고 물류를 이해했기 때문일 겁니다."

마르쿠스의 활동 범위는 북유럽에만 국한되지 않았다. 마르쿠스와 펠리페는 세계를 돌며 자신들의 경험을 전하고 있다.

"중미에 가서 생산자들에게 우리 프로젝트에 대해 이야기할 기회가 있었습니다. 수원을 보호하고, 품질 개선 등에 대해 이야기했었습니다."

지금까지 해온 일을 처음 인정받은 것은 2008년이었다. FAF가 스페셜티커피협회Specialty Coffee Association, SCA의 '지속 가능한 발전과 함께하는 농업상'을 받으면서부터다. 이후 FAF는 업계에서 주목받기 시작했다.

"그 상 덕분에 우리가 틀리지 않았다고 확신하게 되었습니다. 우리들의 커피는 아직 목표로 한 품질에 다다르지 못했지만, 올바르게 그리고 지속 가능한 방식으로 했습니다. 우리에 대한 기사가 나오기 시작했고, 다른 농장에서도 우리들이 한 것이 화제가 됐습니다."

근처의 생산자들도 이런 소식에 주목했다. 지역 생산자들의 관심이 유기농과 품질 향상으로 쏠리자, 마르쿠스는 지역 정치인들을 만났다. 도시를 홍보하는 데 제일 좋은 것은 고품질 커피의 포장지에 인쇄된 도시 이름이라고 생각하는데 어떻게 생각하냐며.

마르쿠스의 장남 다니엘은 이웃 마을의 유력 정치인

의 아들과 비슷한 프로젝트를 진행하고 있었다. 마르쿠스는 그를 FAF로 초대했는데, 농장의 풍경을 마음에 들어 했다. 그 후, 그가 지역 관광업의 책임자로 임명되었음이 알려졌다. 그는 마르쿠스에게 관광업 발전에 관한 의견을 듣고 싶어 했다고 한다.

마르쿠스의 아이디어는 끊임없다. 커피, 카샤샤(발효된 사탕수수 즙으로 만든 증류주—옮긴이), 와인, 치즈와 과일. 모두 깨끗한 물을 필요로 한다. 그리고 이 일대는 열대우림의 영향을 받는 지역이므로 확실히 보호한다면 물은 모두에게 충분히 돌아간다.

"지금 우리는 5개 도시와 협업 중입니다. 예전에 이 도시들의 시장들은 산속과 고지대에 있는 우리들을 전혀 신경 쓰지 않았습니다. 하지만 이제 전 세계에서 우리를 만나러 옵니다. 시장들은 수출하는 커피 자루에 자기 도시의 이름이 인쇄된 것을 보았죠. 이게 결정적인, 큰 변화에의 첫 걸음이었습니다. 그 덕분에 우리는 일을 계속할 수 있었죠. 수원을 보호하고, 자연의 식생을 다양하게 지키고, 농작물의 품질을 개선하고, 식탁에 오르는 식품의 질과 종류가 풍성해졌습니다. 이제 코카콜라는 올라오지 않습니다."

마르쿠스가 만족스러운 미소를 지었다.

지속 가능한 커피 농업과
자연의 한계

우리는 다시 FAF의 학교 교실에 있는 비좁은 의자에 앉았다. 오래된 칠판은 수학 공식이 쓰이기를 기다리고 있는 것 같지만, 우리들의 선생님인 마르쿠스는 다른 생각이 있는 듯하다. 오늘의 주제는 지속 가능성이다. 바깥에서 정글의 곤충들이 날아다니는 소리와 새들의 울음소리가 들렸다. 그 중에 쌀먹이새가 지저귀는 소리도 있을 것이다.

오늘날 '커피의 지속 가능성'과 '지속 가능한 커피 재배'에 관한 많은 이야기가 있지만, 서로 다른 이야기다. 예를 들어, FAF에서 하는 일은 지속 가능한 커피 재배이지만 커피를 지속 가능하게 하지는 않는다. 왜냐하면 로스터리와 유통업자가 지속 가능성에 기반을 둔 실천을 하고 있느냐 아니냐에 따라 결과가 달라지기 때문이다. 따라서 한잔의 커피가 될 때까지의 긴 여정에서 욕심을 부리거나 무리한 가격을 매기면 안 된다. 하지만 원래 저렴하게 판매되던 질이 좋지 않은 커피가 꽤 높은 가격에 팔리는 일이 비일비재하다. 이를 두고 이른바 판매자가 정상적인 마진을 붙였다고 한다. 비즈니스니까 이득을 보는 게 당연하겠지만, 세상을 좀 더 나은 곳으로 만드는 것이 근본에 있어야 하지 않을까?

마르쿠스는 사업가로서 적정한 가격 책정이 변화의 전제 조건이라고 생각한다. 그는 자연에 가까운 방식으로 커피를 재배하기 위해 화학비료와 화학 살충제를 포기한 데 따른 희생과 투자를 고려해 가격을 책정한다.

'적정'이란 말이 나왔지만, 생산자로부터 소비자에게 도달할 때까지 각각의 단계에 있는 모든 생산자와 유통업자가 '필요충분한' 보수를 받으면, 마지막으로 소비자도 적정한 가격에 커피를 즐길 수 있다.

"여러분이 가진 것 중에 가장 중요한 건 뭡니까? 자동차? 아니면 집인가요?"

마르쿠스가 물었다. 우리는 몸이 가장 중요하다고 답했다. 그러자 우리의 영민한 선생님은 몸이 무엇으로 이루어졌는지 물었다. 우리는 단순하게 물이라고 대답했지만, 마르쿠스에게는 충분한 대답이 아니었다.

"몸은 우리가 먹는 모든 것으로 이루어집니다. 생명

을 유지하는 가장 중요한 에너지원은 물과 음식입니다. 사람들은 벤츠 자동차를 사는 데 엄청난 돈을 쓰면서 유기농 양상추는 비싸다고 불평을 합니다. 그냥 양상추는 1유로에 사고 유기농 양상추는 3유로에 살 수 있습니다. 비싸다고 생각하나요? 친환경적으로 재배됐으며 깨끗합니다. 먹으면 건강이 좋아질 겁니다. 겨우 3유로입니다!" 마르쿠스가 외쳤다.

커피 재배에도, 다른 작물 재배에도 같은 일이 벌어진다. 더 많은 사람에게 전하지 않으면 안 된다. 헨리 포드가 자동차 대량생산을 시작한 것은 사람들이 제품을 싼 가격에 사고 싶어 했기 때문이었다.

많은 부모가 잘 모를 뿐이다. 식료품비를 아끼려고 자신도 모르는 사이에 아이들에게 영양적으로 부족한 음식을 먹이는 경우도 있을 것이며, '푸드 피라미드(스웨덴, 미국 등에서 제시된 균형 잡힌 영양 섭취를 위한 식단표로, 시대 변화와 함께 개정되기도 한다—옮긴이)'를 비롯한 기타 권장식단을 맹신하는 경우도 있을 것이다. 이런 권장식단은 식품기업의 영향력 아래에 있는 인물이 만든 것도 있다. 그리고 대부분의 생활습관이 더 좋은 것을 모르는, 기존의 것에 익숙해진 탓이 크다. 예를 들어, 사람들이 맛없는 커피를 마시는 이유는 그 커피에 익숙해졌고 더 맛있고 좋은 커피를 알지 못하기 때문이다. 특히 왜 다른 커피가 더 좋은지를 말이다.

마르쿠스는 인간의 가장 중요한 자산인 몸이 모든 것의 기본이 된다며 몸의 중요성을 강조했다.

"사람들이 '나를 어떻게 돌봐야 할지 모르겠어. 매일 출근하고, 먹고, 자고, 싸고, 섹스하고. 왜 그래야 하는지 모르겠어'라고 말할 때 무척 답답합니다. 사람들은 이 책을 읽고 이렇게 말할 겁니다. '젠장, 한 번도 이런 생각을 해본 적이 없어. 나도 이렇게 해야겠어.'"

마르쿠스는 소비자 행동을 비롯한 선택이 미치는 영향에 대해 말했다.

"만약 건강한 식사를 하고 올바른 선택을 한다면 피부, 시력, 전반적인 몸 상태가 나아질 겁니다. 자신과 아이들을 위해 다음 단계로 올라가면, 제일 좋은 것이 무엇인지 주의 깊게 제품을 선택할 겁니다. 우리가 하려는 게 바로 그겁니다. 가치를 알아주는 소비자에게 제일 좋은 커피를 파는 거죠. 그런 사람들은 상황을 바꾸려 하고, 자신이 그 해결책의 일부가 되려고 하는 사람들이에요. 우리도 그런 변화에 힘을 쏟고 있습니다."

마지막으로 마르쿠스는 만약 세상을 바꾸고 싶다면 생산자부터 소비자까지 일정 정도 희생을 각오해야 한다고 강조했다.

"생산자로서 화학비료와 살충제를 써서 양상추를 10배

더 많이 수확하는 편이 쉬웠을 겁니다."

그러나 다행히도 마르쿠스는 가장 쉬운 길을 선택하지 않았다.

커피 혁명은 단순한 사실에 걸려 좌초될 수도 있다. 바로 맛이다. 많은 사람이 슈퍼마켓에서 판매하는 저렴하고 질이 좋지 않은 커피 맛에 길들여져 있다. 사람들은 아침과 한낮의 졸음을 쫓으려고 커피를 마시며, 위장의 움직임을 원활하게 하기 위해 마시는 경우도 있다.

커피의 쓴맛과 산미는 우유와 설탕으로 덮는다. 또한 뜨거운 커피를 마시는데, 뜨거울수록 본연의 맛을 느끼지 못한다. 싸구려 맥주를 아주 차갑게 파는 것과 같은 원리인데, 사람은 체온에 가까운 것의 맛을 가장 잘 느끼기 때문이다.

마르쿠스는 다른 나라에서도 질이 좋지 않은 커피를 마시지만, 가장 질이 좋지 않은 커피는 브라질에서 소비된다는 것을 지적했다.

"우리는 손으로 커피체리를 따고 선별합니다. 따라서 상태가 좋지 않은 커피체리는 브라질에 남습니다. 도매업자들은 사지 않을 테니까요. 만약 앞으로도 맛없는 커피를 마시고 싶어 한다면 내버려두겠지만, 가장 중요한 자산은 자기 자신이라는 것을 계속해서 알려줘야 합니다. 그러려면 시간이 필요합니다. 모두 유기농을 받아들일 거라고 생각하지 않습니다. 신경 쓰지 않는 사람도 많고요. 쓰레기를 먹고 자기도 쓰레기가 될 뿐이죠."

마르쿠스가 한숨을 쉬었다.

여기서 펠리페가 생각하는 '발전의 흐름'을 살펴보자. 펠리페는 몇 년 전 젊은 커피 힙스터들로 가득한 스톡홀름의 소란스러운 밤에 이 이야기를 들려주었다.

"저는 모든 마케팅을 젊은 사람들을 대상으로 합니다. 지금까지 같은 방식으로 커피를 마신 50대나 60대가 달라질까요? 아마 변하지 않을 겁니다. 그러니 그분들은 잊어버립시다."

펠리페는 이렇게 말하며 씩 웃었다.

시간이 걸리겠지만, 나이가 들어도 새로운 것을 배울 수 있다. 펠리페와 마르쿠스도 FAF의 문제를 해결지향적으로 대처하고 있다. 때로는 벽이 무너져 길이 열릴 때까지 들이받기도 한다. 손가락을 한 번 튕기면 유기농으로 전환이 가능하다고 주장한 사람은 아무도 없다. 펠리페는 소비자들이 변화의 주체가 될 수 있도록 교육해야 한다고 생각한다.

"저는 자본주의의 규칙에 따라야 한다고 생각합니다. 시장이 그렇게 작동하니까요. 그리고 가장 민주주의적인 방식은 구매할 때 무엇을 고를까 결정하는 겁니다. 그렇게 하면 전 세계가 모든 개인의 소비자 행동에 따라 달라질 수 있습니다. 우리는 눈을 크게 뜨고 투명성을 요구하며, 투명하고 제대로 일하는 기업의 상품을 구매하는 것으로 보상해야 합니다."

펠리페는 노하우는 성공 사례를 통해 공유할 수 있다고 본다.

"만약 품을 적게 들여 고품질에 양도 많은 작물을 재배하고 좋은 가격에 팔 수 있는 농업 모델을 개발한다면, 따라하지 않을 사람들이 있을까요? 그러면 브라질에 얼마나 많은 나무를 심게 될지 생각해보세요. 얼마나 많은 땅이 되살아날지도요. 땅은 나무보다 이산화탄소를 더 많이 흡수합니다. 유기농으로 지구 온난화를 늦출 수 있을 겁니다."

우리는 대개 바다가 이산화탄소를 가장 많이 흡수한다고 생각하지만, 잘 관리한다면 땅의 역할은 지금보다 더 커질 수 있다. 단일경작과 화학농경으로 땅이 황폐해지면서 수백만의 미생물이 사멸했고, 이산화탄소 흡수도 어려워졌다. 이미 지구는 파멸의 길을 걷고 있고, 개인의 소비가 아무런 영향을 끼치지 않는다는 주장은 무의미하다. 순진한 이상주의자의 선언처럼 들릴지도 모르겠지만, 우리는 80억 명에 달하는 개인이기에 무엇이든 할 수 있다.

펠리페는 농장을 돌며 커피나무를 재배하는 여러 가

지 환경을 보여주었다. 일부는 농장 건물들 사이 20미터짜리 셰이드 트리 아래에 있었고, 정글의 가파른 비탈길에도 커피 나무와 다른 식물이 있었다. 우리는 묘목을 어떻게 심는지 어떤 환경에서 자라는지 볼 수 있었고, 퇴비가 어떻게 작용 하는지, 수확한 커피체리를 어떻게 처리하는지를 보았다. 거 대한 건조대는 짙은 갈색 또는 검은색을 띠는 커피체리로 가 득 차 있는데, 몇 주 동안 타는 듯한 햇볕을 받으며 더 진해 진다. 갓 수확한 커피체리는 품종에 따라 붉은색 또는 노란 색을 띤다. 사방이 자연의 향기로 가득해 주변에 있는 무엇 이든 먹어도 될 것 같은 기분마저 들었다. FAF의 해발고도 가 높아 헬싱키의 에이라 해변에서 조깅을 할 때보다 숨이 차지만, 숨을 쉴 때마다 맑은 공기를 호흡한다는 즐거움만으 로도 폐가 넓어지는 것이 느껴졌다.

펠리페는 농장으로 이주한 후 연구실을 차려 다양한 커피의 품종을 연구하기 시작했다. 이 연구는 앞서 말한 커 피의 여러 재배지와 마르쿠스와 존 로코가 말한 저마다의 생 물에는 적합한 집, 즉 생육 장소에 대한 견해가 포함되어 있 다. 펠리페의 환경에 대한 관점은 넓어졌지만, 그리 달갑지 않은 발견도 있었다.

"근처 농장에서 일하는 많은 사람이 암과 당뇨, 그 밖 의 병을 앓고 있다는 사실을 알았습니다. 예전에는 이렇게 많은 사람이 아프다는 걸 알아차리지 못했습니다. 물론 다른 곳에 사는 사람들도 암에 걸리지만, 농장에서 일하는 사람들은 화학비료, 살충제를 직접 만지죠."

이 사실을 발견한 것은 펠리페만이 아니다. 많은 의학 연구에서 살충제가 암, 불임과 알츠하이머 등과 관련이 있다는 것이 증명되었다.

펠리페는 훗날 사람들이 이런 실수를 교훈 삼아 오늘날을 '농업의 암흑기'로 기억하기를 바란다. 전 세계가 자급할 수 있는 충분한 식량을 생산하겠다는 의도는 선한 것이었더라도, 지속 가능한 개발과 지구의 미래를 고려하지 않았다는 점은 명백하다. 지금과 같은 방식으로는 땅에서 더 이상 아무것도 얻을 수 없는 한계점까지 몰아붙이게 될 것이다.

펠리페는 효율성 극대화에 대해 반복해서 경고했다.

"제가 말하는 것은 한 뙈기의 땅을 가장 효율적으로 이용하는 방법은 무엇일까 하는 겁니다. 단일경작일까요? 그게 정말 땅을 효율적으로 이용하는 방법일까요?"

동시에 그는 그동안 버려졌던 작물의 일부분을 활용하는 방법을 내놓았다.

"우리는 커피체리의 과육과 껍질로 카스카라 차를 만듭니다. 여기서 질문이 생깁니다. 유독성 살충제를 뿌린 껍질을 이용하는지, 또는 그것도 유기농이어야 하는지 같은 것

말입니다. 물론 저는 유기농이어야 한다고 생각합니다. 껍질에는 항산화 성분이 많습니다. 그래서 박사 학위를 받은 미국 친구와 함께 어떻게 하면 항산화제 성분의 질을 정의할 수 있을지 연구하고 있습니다. 갑자기 커피 그 자체보다 과육과 껍질이 부가가치가 높은 것이 되었습니다."

토양은 작물을 생산한다. 중심이 되는 것은 지속 가능성이다. 더군다나 장기간 살아남았을 경우의 이야기다.

"문제는 오늘은 생산했지만, 내일도 생산할 수 있는가 하는 겁니다. 이대로 지금과 같은 방식을 지속해도 제겐 별다른 문제가 없습니다. 세상은 그대로 돌아갈 테고, 어쩌면 우리 세대가 늙었을 때 약간의 문제가 있겠지만 그럭저럭 괜찮을 겁니다. 그러나 우리 후손들은 모든 게 카오스일 겁니다."

펠리페는 소비의 진화에 관해 말하기 시작했다.

"지금까지 아무것도 가지지 못했던 사람들, 그러니까 정보 접근성이 떨어지고, 지식도 없고, 소유한 물건이 없었던 사람들은 뭐랄까 생활방식이 단순합니다. 그들이 텔레비전에서 얼핏 본 소비 조장 광고에 나온 금붙이, 레이밴 선글라스, 자동차와 아이폰 등 부의 상징을 모두 사버리는 소비자가 된다 해도 그들을 비난할 수는 없습니다. 그렇지만 지속적으로 소비한다면, 그 선택에 의문이나 비판도 생깁니다.

예를 들어, '맥주를 마실 거야. 하지만 좋은 맥주를 마시고 싶어'라거나 '더 맛있는 빵을 먹어' 같은 것들 말입니다. 그 다음엔 왜 어떤 것이 다른 것보다 더 나은지 묻기 시작합니다. 그것이 발전의 단계입니다. 만약 이런 질문이 계속된다면 '커피가 어디서 오는가'와 같은 좀 더 큰 질문으로 영역이 넓어집니다. 커피를 누가 어떻게 생산했는가 같은 것들로 말입니다. 가치는 바뀌기 시작합니다."

펠리페의 이야기가 그의 아버지 마르쿠스가 말하는 것처럼 들리기 시작했다.

가치는 품질에만 존재하는 것은 아니다. 시장의 발달로 가치는 '대도시의 여러 매장에서 좋은 커피를 구할 수 있다'는 것이 아니라, '어디서 좋은 유기농 커피를 얻을 수 있는가'로 변하고 있다.

어디서 커피를 사야 그 대가로서의 '가치'를 얻을 수 있을까? 비즈니스에서는 이것이 차별화와 홍보로 이어진다.

펠리페는 이야기가 자연자원, 즉 진정한 풍요로움으로 옮겨가자 큰 흥미를 보였다. 16세기 초, 포르투갈인들이 브라질에 정착했을 때 자연조건은 이상적이었다.

"토양, 물, 모든 기본 요소는 우리의 '은행' 같은 것입니다. 브라질은 정말 풍요로운 나라였습니다. 깨끗한 물, 엄청난 자연자원, 필요한 모든 것이 있었습니다. 거대한 열대우림은 풍부한 산소를 주었습니다. 그래서 우리는 은행에서 그저 인출하고, 인출하고, 또 인출했지요. (…) 제 생각에 우리는 앞으로 나아가기 전에 몇 가지 결정을 내려야 합니다. 먼저 이 세상이 유한하고 일정한 한계가 있다는 것을 인정해야 합니다. 두 번째로는 용어를 정의해야 합니다. 무엇이 '지속 가능성'인가요? 무엇이 '발전'인가요? 우리는 발전하고 앞으로 나아가야 합니다. 멈출 수 없어요. 만약 매년 수익이 떨어진다면, 우리는 '은행'에 저축을 하기는커녕 돈을 빼가기만 할 겁니다. 그러면 마이너스가 되고, 그다음에는 막대한 금액의 청구서를 받을 거라는 점을 모두 알고 있습니다. 왜 그런 걸 신경 쓰냐고요? 만약 우리가 이런 질문을 계속한다면, 결국 그 질문들의 답을 찾을 것이고 그에 따른 삶을 사는 게 당연한 이치라고 생각하기 때문입니다."

펠리페에게는 두 가지 관점이 있다. 인간은 성장하면서 조금씩 사회적으로 생각하기 시작한다. 관심을 끌려고 애쓰던 아이는 성장하면서 자신이 사회의 일원이라는 것을 배우고 소란을 피우지 않고 주변의 일에 귀를 기울인다.

"다른 하나의 관점은 이기주의 또는 이른바 경제적 이성일 겁니다. 제 목표는 섞어짓기가 땅을 착취해 생산량에만 의존하는 단일경작보다 경제적으로도 성공적이라는 것을 보여주는 겁니다. 그래서 커피 외에도 과일과 채소, 장기적으로는 셰이드 트리에서 얻을 수 있는 목재를 출하하려고 생각하고 있습니다. 이렇게 함으로써 경제적으로도 화학비료에 의지하는 단일경작보다 더 좋다는 것을 증명할 겁니다. 지금 말하고 있는 건 20년 주기로 하나의 순환을 만든다는 이야기입니다. 20년 후에 제 땅은 자연 친화적인 농업으로 매우 건강한 상태가 되어 이 20년 주기의 순환에 딱 맞는 기반이 될 겁니다. 우리는 눈앞의 문제뿐 아니라 미래의 일도 생각해야 합니다. 그게 중요한 포인트입니다. 농업은 우리에게 인내심을 가르쳐주죠."

펠리페에게 농장의 미래와 장단기 계획을 물어보았다. 그는 '세상은 계속 움직이며 우리는 그에 따라야 한다'는 생각에 바탕해 대답했다.

"생산을 할 수 없다면 기업은 망합니다. 농가에 수확물이 없다면 거기서 끝입니다. 만약 비옥한 땅에서 농사를 짓는다면 좀 더 오랫동안 수확을 할 수 있습니다. 이는 비료를 사거나 재배 작물을 다양화하는 두 가지 선택지가 있는 1에이커의 땅과 같습니다. 후자, 즉 유기농을 선택한다면 그에 맞는 레시피에 재료를 추가해야 합니다."

단일경작은 비료를 전제로 하지만, 섞어짓기를 하면 작물들은 서로를 보완하고, 땅을 비옥하게 하며 거기에 걸맞는 박테리아 군집을 만든다. 사람이 소화를 돕는 박테리아를 늘리기 위해 콤부차(설탕을 넣은 녹차나 홍차에 유익균과 효모를 넣어 발효시킨 차—옮긴이)를 마시는 것과 같은 이치다.

"그렇게 함으로써 단순 커피 생산자 그 이상이 됩니다. 옥수수, 후추, 바나나, 과일과 채소의 생산자가 되는 거죠. 다른 작물에서도 좋은 것을 만들지 않으면 물론 팔리지 않을 겁니다. 누구나 이런 논의를 할 준비가 된 건 아닙니다. 우리의 경우, 곧 가지를 딸 거고 다음 주에는 당근을 캘 겁니다. 이런 겁니다. '지속 가능성'을 결심한다면 다양성의 길이 열립니다."

적을수록 풍요롭다

3부

꿀 떨어지는 복숭아와
레몬 혹은 풋사과

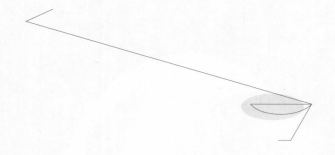

맛에 관해 논쟁을 벌이는 것은 무의미한 일이지만, 종종 벌어지는 일이다. 어떤 사람들은 수십 년간 아침마다 빼놓지 않는, 대량생산된 벌크 커피를 사랑한다. 반면, 어떤 사람들은 왜 그렇게 쓴맛이 나는 걸 마시고 싶어 하는지 이해하지 못한다. 어쨌거나 전문가들이 맛을 보다 객관적으로 평가한다는 점은 변함없다.

커피 맛은 여러 가지 요소에 영향을 받는다. 미각이 발달한 테이스터들은 커핑을 할 때 농장의 남쪽 혹은 북쪽 경사로에서 자랐다는 등 듣고도 믿을 수 없을 정도의 요소까지 알아차려 점수를 매긴다. 재배 환경 외에도 정제 방법 또한 맛에 큰 영향을 끼친다. 수확한 커피체리는 복잡한 정제 과정을 거치는데, 먼저 과육을 제거한 후에야 태양 아래 건조대로 갈 수 있다. 여러 정제 단계가 맛에 큰 영향을 미친다.

펠리페는 서로 다른 정제 방법이 최종적인 커피의 맛에 미치는 영향에 큰 관심을 가지고 있다. 심지어 수확 시간이 최종적으로 맛에 영향을 주는지 확인해보려고 이웃인 주앙 해밀턴과 함께 한밤중에 커피체리를 딴 적도 있다. 혁신적인 농부들은 할 수만 있다면 무엇이든 시험해보려는 사람들이다. 다른 생산자들에 따르면, 수확한 커피체리를 건조대로 옮길 때 절반은 뚜껑이 없는 통에 담고, 다른 절반은 지금까지 해왔던 것처럼 밀봉 상태의 비닐포대에 넣어서 맛에 변화가 있는지 없는지도 시험해봤다고 한다. 유전자 조작부터 재배 환경의 변화, 정제 과정과 로스팅 과정의 선택에 이르기까지 방법은 말 그대로 넘쳐난다.

"한잔의 커피에서 여러 가지 맛을 느낄 수 있습니다. 아무리 맛없는 커피라 해도 숨겨진 가능성을 맛볼 수 있습니다. 그 한잔에서 생산자가 어떻게 커피를 재배했는지, 어떤 정제 과정을 거쳤는지 모든 것을 알 수 있습니다"라고 펠리페가 말했다.

커피체리의 정제 방법은 국가와 생산자에 따라 다르다. 가장 일반적인 방법은 세 가지로 워시드washed, 내추럴natural, 펄프드 내추럴pulped natural 또는 허니 프로세스honey process이다. 각각의 정제 방법마다 적합한 품종이 따로 있다.

예를 들어, 워시드는 산미가 있는 품종의 감귤류 풍미를 한층 더 산뜻하고 돋보이게 한다.

우리는 브라질 카우보이들의 농장 FAF에서 커피가 황마 자루에 담겨 전 세계의 소비자에게 보내지기 전에 거치는 과정들을 직접 볼 수 있는 기회를 얻었다. 수확기에 방문한 탓에 저장고는 비어 있었지만, 마침 커피체리를 건조대에 펼쳐 햇볕에 말리는 단계였다. 커피체리는 건조대 위에서 몇 주 동안 골고루 뒤섞인다. 건조기를 사용해 건조 기간을 단축하는 일은 하지 않는다. 천천히 자연 건조시켜야 자연의 단맛이 올라오기 때문이다. 또한 밀봉 상태로 오랫동안 해상 운송을 해야 하므로 곰팡이가 슬지 않도록 완전히 건조한다.

워시드 정제에서는 커피체리의 껍질과 과육을 '펄퍼 pulper'라고 하는 분쇄기를 사용해 제거한다. 그다음에 생두를 거대한 수조에 넣어 물에 불리면 표면을 둘러싼 점액질이 발효되어 떨어져 나간다. 다만 이 과정은 그리 친환경적이지는 않다. 60킬로그램짜리 황마 자루 하나 분량을 처리하는 데 식용수 1,000리터가 쓰이기 때문이다. 그래서 '에코 펄퍼 eco pulper'가 급속도로 도입되고 있다. 에코 펄퍼는 과육과 껍질뿐 아니라 점액질도 벗겨낸다. 두 방법 모두 마지막에는 생두를 깨끗한 물로 세척한다.

워시드 정제는 커피에 세련된 '깨끗한' 맛의 프로파

일과 산미를 선사한다. 워시드 정제를 거친 커피는 일반적으로 가벼운 꽃향이 나는데, 가끔 마테 차 같은 맛이 나기도 한다. 레몬이나 풋사과 같은 산미가 상큼한 풍미를 더한다. 커피에 심취할수록 다양한 산미를 찾는다. 대부분의 워시드 커피는 원두의 산미를 즐길 수 있게 약하게 로스팅한다.

어느 날 저녁, 워시드 정제 과정을 볼 수 있다는 연락을 받았다. 소년처럼 신이 난 펠리페는 나무로 된 긴 주걱을 들고 2미터가 조금 안 되는 높이에서 콘크리트로 만들어진 수조의 가장자리로 뛰어내렸다. 수조는 물로 채워져 있다. 우리는 그 옆에 서서 펄퍼가 규칙적으로 돌아가는 소리를 들으며 생두가 수조로 옮겨지는 순간을 기다렸다. 수조가 생두로 가득 차자 펠리페가 주걱으로 천천히 젓기 시작했다. 생두가 한데 뭉쳐 있으면 발효가 균일하지 않게 진행되기 때문이다.

세척 과정은 저녁부터 밤에 걸쳐 이루어진다. 낮에는 주로 커피체리를 수확하고, 수확한 커피체리를 건조대가 있는 구역으로 옮긴다. 밤이 되면 기온이 떨어지고 습도는 올라간다. 우리는 이런 것들이 발효나 커피의 맛에 영향을 끼칠 거라고 짐작했지만, 펠리페는 여러 기온에서 실험을 할 계획이 있다고 했다. 적도 근처라는 지리 조건상, 정제의 대부분이 야외에서 이루어져 기온을 조정하는 게 어렵겠지만 말이다.

완벽주의자인 펠리페는 직접 수조의 물을 섞고, 처리 과정의 모든 단계가 가능한 한 정확하게 늘 같은 방식으로 이루어졌는지 확인하고 싶어 한다. 그렇게 함으로써 하루 중 작업 시간대와 습도, 온도 같은 것이 커피의 맛에 미치는 영향을 가장 잘 예측할 수 있다고 믿는다.

연세가 있는 분들은 가끔 "좋은 커피가 나왔다"고 말한다. 마치 별들의 위치가 사물에 영향을 주거나 집에서 커피메이커로 내린 커피의 맛이 매번 다르다는 듯이 말이다. 그러나 실제로는 그렇지 않고, 한잔의 맛있는 커피를 만들려면 다음과 같은 몇 가지 기본 조건이 필요하다. 첫째, 원재료의 품질과 신선도. 둘째, 고른 물줄기와 추출법에 알맞은 굵기의 그라인딩. 셋째, 물과 커피의 알맞은 비율. 진한 커피는 몇 스푼의 커피가루를 더한다고 얻을 수 있는 것이 아니다. 로스팅을 강하게 한 원두를 써야 한다. 물의 양에 비해 커피가루의 양만 늘릴 경우 쓴맛만 강해질 뿐이다.

아프리카, 특히 에티오피아에서는 내추럴 정제가 일반적인데, 워시드 정제와 반대 지점에 있다. 내추럴 정제는 완숙된 붉은 열매의 껍질과 과육을 제거하지 않고 그대로 건조대에 올려 타는 듯한 햇볕에 건조시킨다. 그 후 건식 펄퍼로 껍질과 과육을 제거한다. 커피체리는 균일하게 건조되고 곰팡이가 슬지 않도록 규칙적으로 뒤집어준다. 내추럴 정제를 거친 커피는 복숭아 같은 감칠맛과 풍미가 있다. 내추럴 정제는 일반적으로 아프리카 외에도 남미 국가들, 깨끗한 물이 부족한 국가들에서 쓰인다. 이 방법은 다른 커피생산국으로도 확산되고 있다.

FAF에서 20미터는 족히 되는 건조대 주변을 거닐며 붉고 노란 커피체리가 햇볕을 받으며 건조되는 것을 보는 건 꽤 근사한 경험이었다. 커피체리를 한 움큼 쥐고 숨을 깊이 들이쉬면 진정한 커피의 향기를 맡을 수 있는데, 뜨거운 태양을 향신료로 쓴 듯한 유기농 농장의 비옥한 토양이 느껴진다.

많은 사람이 내추럴 정제 방식이 커피 맛에 미치는 영향을 높이 평가한다. 정제하지 않은 커피체리를 느리게 건조시키면 과일의 달콤함과 풍부한 맛이 더해진다. 하지만 복숭아나 키위 같은 개별적인 뉘앙스로 분리하기 어렵고, 과일샐러드나 옛날에 할머니가 여러 종류의 베리를 넣어서 만들어주신 주스에 가깝다. 자연 건조한 내추럴 정제 커피는 여과 과정(필터링)을 거치지 않은 와인 같은데, 아주 풍부하고 다면적이며 흥미롭지만, 동시에 맛이 혼재되어 하나하나의 뉘앙스에 집중할 수 없기 때문에 어렵기도 하다. 다만 물을 낭비하지 않는, 친환경적인 방식이라는 점이 높이 평가되고 있다. 그러나 커피체리를 물에 담그는 것에 비해 내추럴

185

정제는 훨씬 더 노동집약적이고 더 많은 노동력을 필요로 한다. 이런 이유로 가격에 민감한 대규모 로스터리들은 내추럴 정제보다 워시드 정제를 선호한다.

펄프드 내추럴은 이름 그대로 워시드와 내추럴의 중간쯤 되는 정제 방식이다. 커피체리를 건조대에 올리기 전에 펄퍼로 과육을 제거한다. 생산자는 건조 전에 점액질을 얼마나 남겨둘지 결정할 수 있다. 이를 통해 맛을 조절할 수 있기 때문이다. 점액질이 얇을수록 커피는 신맛이 난다. 점액질을 온전히 남기는 정제 방법을 허니 프로세스라고 한다. 허니 프로세스 정제를 거친 커피는 풍미가 있으며 캐러멜 같은 단맛이 난다. 또한 과즙감이 풍부한 파인애플을 비롯한 열대과일 같은 맛을 느낄 수도 한다. 점액질이 붙은 채로 건조된 생두는 윤기가 흘러 맛있어 보인다. 허니 프로세스는 또한 특징을 잘 살려 붙인 이름인데, 건조대에서 생두를 섞을 때면 찐득찐득하게 손가락에 들러붙기 때문이다.

어떤 정제를 거쳤든 고품질 커피는 상처가 난 것이나 덜 익은 것, 크기나 색이 다른 부적합한 생두, 즉 결점두를 제거하는 선별 과정을 거쳐야만 한다. 목표는 한 가공단위당 커피를 되도록 균일하게 하는 것인데, 앞서 언급한 결점두가 섞여 있으면 한잔의 커피에도 쓴맛이나 흙냄새, 심지어는 감자 같은 뉘앙스의 바람직하지 않은 맛을 초래하기 때문이다. 선별은 수작업도 많아 시간이 많이 걸린다. 그렇지만 이런 수고로움을 거쳐야 출하하는 생두의 품질을 담보하고 더 나은 값을 받을 수 있다. 결점두는 폐기되지 않고 슈퍼마켓에서 판매되는 저렴한 커피나 인스턴트커피용 시장에서 거래된다. 가장 질이 나쁜 커피, 즉 인스턴트커피용으로도 팔리지 않은 생두는 생산국의 지역 주민들이 소비한다. 사정이 이렇다 보니, 커피 생산국을 여행할 때 맛있는 커피를 마시는 경우는 무척 드물다. 이는 그냥 지나칠 수 없는 문제인데, 생산자들이 커피의 품질을 이해하거나 평가할 줄 모르는 원인의 일부분이기도 하다. 같은 이유로 생산자들은 자신이 재배한 커피에 제값을 매기기 어렵고, 그로 인해 더 좋은 품질의 지속 가능한 커피를 생산하려는 생각을 하지 않는다. 우리가 지속 가능한 커피라고 할 때는 친환경뿐 아니라 재배에 관여하는 사람과 노동환경에도 주의를 기울인 것을 의미한다. 생태적인 것과 지속 가능성을 혼동하면 안 된다. 친환경 커피라도 사람들을 노예처럼 부리며 생산한 것일 수 있다. 그 대신 품질과 지속 가능성은 곧잘 같이 등장한다. 나쁜 대우를 받은 사람은 대개 지시받은 일만 하지만, 동기 부여가 된 사람은 최선을 다하고 자신의 가치를 높이려 노력할 뿐 아니라 더 나은 것을 생산하기 위한 방법과 과정을 개선하려고 한다.

커피 생산국에서 이루어지는 마지막 공정은 생두 포장 및 발송이다. 전통적으로 생두는 황마 자루에 담곤 했는데, 최근에는 고품질 생두는 진공 처리하거나 비닐이 덧대어진 황마 자루인 그레인프로GrainPro에 담는다. 이런 식으로 가능한 한 오랫동안 신선도를 유지하려는 것이 목표이다.

이렇게 포장된 생두는 컨테이너에 실려 배를 타고 전 세계로 운송된다. 납품 후 제 역할을 다한 황마 자루는 원산지로 돌려보내는 것이 경제적으로나 환경적으로나 의미가 없기 때문에 환경 문제만 야기하는 무용지물이었다. 하지만 다행스럽게도 지금은 인테리어 소품 등으로 재활용되고 있다.

최종 목적지인 유럽, 북미나 러시아에 도착한 생두는 커피 한잔이 되기 위한 마지막 단계, 즉 로스팅을 거친다. 로스팅은 농장에서 커피잔까지 커피콩이 한잔의 커피로 거듭나는 여정에서 중요한 단계이다. 로스팅하기 전의 녹색 생두는 단단하고 아무 맛이 나지 않는다. 로스팅을 해서 습기가 제거되고 지방이 표면으로 올라오며 맛이 형성된다. 로스팅은 10~15분 정도 하는데, 로스팅 프로파일과 라이트, 미디엄, 다크 로스팅 커피 중 어떤 커피를 만들기를 원하는가에 따라 다르다.

거대한 기업형 로스터리들은 많은 양의 상품을 빠르게 생산하는 것을 목표로 하기 때문에 로스팅도 단시간 내에 대량으로 하려고 애쓴다. 이런 경우 생두의 표면이 타지 않고 속까지 고르게 로스팅하는 것이 관건이다. 균일하게 로스팅한 것과 일부러 오래 로스팅한 것이 맛에 좋은 영향을 줄지에 대해서는 의견이 엇갈린다. 로스팅 시간이 맛과 관련이 없다고 주장하는 사람들은 생두의 질이 커피 맛을 좌우한다고 말한다. 소규모 로스터리의 로스팅은 보통 수작업인데 비해, 기업형 로스터리들은 완전히 자동화된 경우가 많기 때문이다. 일상에서는 커피가 신선제품이며, 로스팅한 원두는 보관 방법에 따라 2개월에서 6개월 사이에 향이 사라진다는 것을 쉽게 잊어버린다. 로스팅한 콩의 껍질은 신선도를 유지하는 데 일정 정도 도움이 되지만, 가는 순간부터 아주 빠르게 산패하기 시작한다.

소비의
진화론

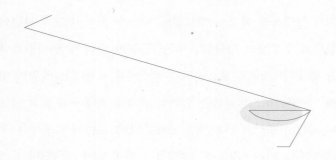

커피는 세계에서 가장 수출량이 많은 농산물로서 해당 생산국에서 쌀, 옥수수 혹은 밀보다 더 많이 수출되는 품목이다. 달리 말하면 식품으로 분류되는 품목 중에서 가장 큰 비중을 차지한다. 국제커피기구에 따르면 세계시장에서 생두, 즉 로스팅하지 않은 커피는 원유 바로 다음으로 많이 거래되는 원자재이다. 공정무역기구에 따르면, 커피는 열대농산물 중 가장 가격이 높고 폭넓게 보급된 품목이다. 여러 국가와 국민경제가 커피 재배에 의존하며, 수백만 명이 커피 산업에 종사하고 있다. 공정무역기구에 따르면, 커피로 생계를 유지하는 전 세계 인구는 대략 1억 2,500만 명에 달한다. 그중 대다수는 적도 부근의 남미, 아프리카, 인도네시아, 인도 등에서 일한다. 이 지역들은 커피가 자생하는 곳으로 2,500만 개의 소규모 농장이 있으며, 여기서 전 세계 커피 생산량의 80퍼센트가 나온다. 그럼에도 이런 농장의 대부분이 얻는 수입은 아주 적어 가족을 부양하기에 부족한 경우도 있다.

커피의 세계시장가격은 상품거래소의 수요와 공급의 법칙에 따라 정해진다. 이때 취급되는 커피는 대량생산된 벌크 품질이다. 대형 로스터리들은 시장가격에서 몇 퍼센트 낮은 가격에 사들이는 대신 생산자나 협동조합의 수확량을 모두 매입하겠다고 약속한다. 소규모 농장을 운영하는 가난한 생산자들은 대부분 비싼 화학비료 없이 대량생산되는 커피보다 더 좋은 품질의 커피를 생산하지만, 벌크 커피의 가격이 지나치게 낮다는 것을 모른 채 중개인들이 제시하는 가격에 만족한다. 모든 커피는 중개인을 통해 최종적으로 로스터리에 판매되기 때문에 생산자는 자신의 커피를 맛보는 일은 거의 없다. 따라서 자신의 노동은 물론 키운 작물의 가치를 알 기회조차 없다.

생산자들은 무지로 인해 몇 세대에 걸쳐 서구 소비자와 중개인, 도매상에게 경제적으로 착취당했다. 생산자들에게서 구매할 때는 고품질 커피도 벌크 가격을 매겼지만, 팔 때는 품질에 상응하는 높은 가격을 책정하는 것이다. 구매자는 오래전부터 제품의 품질을 평가할 능력이 있었지만 그에 상응하는 대가를 지불하지는 않으려 한 로스터리들이다. 이런 경향은 뒤를 이을 세대가 더 나은 직업을 찾아 도시로 이주하는 현상을 재촉했고, 그로 인해 가족 농장에서는 후계자를 찾아보기 힘들게 되었다. FAF도 같은 길을 걸을 수도 있었다. 농장을 물려받을 당시 실비아는 마르쿠스와 시카고에 살고 있었고, 문학 관련 일을 하고 있었다.

펠리페는 커피 시장의 가격 결정에 대한 속사정을 조금 더 알려주었다. 생산자는 수확한 커피를 컨테이너 채로 판매한다. 가격은 상품거래소의 거래 가격 외에도 수확량에 따라 달라진다. 스페셜티 커피라면 품질에 따라 등급을 매겨 그에 따라 가격이 달라진다. 이때도 수확량 전부를 판매하지만, 가장 좋은 품질의 커피에 가장 높은 가격이 매겨지고 '자투리'는 가장 낮은 가격으로 팔린다.

FAF에서는 실험적인 프로젝트가 진행되고 있는데, 중간 품질 커피체리의 수확 후 발효 단계를 개선해 그 가치를 높이는 것을 목표로 삼고 있다. 스페셜티 커피는 수확량의 대부분이 중간 정도의 품질을 보이므로, 그 범주에서 가격을 올릴 수 있을지 없을지는 생산자의 수입에 중요한 영향을 미친다. 한편 크로체 가족은 즉석음료 상품을 개발하는 등 수입을 최대화하는 수단을 마련하려고 노력하고 있다.

펠리페에 따르면, 상업용 벌크 품질 커피를 생산하

는 데 드는 비용은 1킬로그램당 1.2유로 정도이고 시장가격
은 1.8유로 미만이다. 84~85점을 달성하는 스페셜티 커피의
생산 비용은 1.85유로 정도이며, 시장가격은 1킬로그램당 2.9
유로다. 최고품질 커피의 생산 비용은 3.3유로에 달하지만,
평균 판매 가격은 항상 4유로를 웃돈다. 브라질산 커피는 한
자루에 60킬로그램씩 담겨 판매되지만, 설명의 편의를 위해
여기서는 킬로그램당 가격을 말했다.

"보통 농산물에는 판매 가격을 높이는 환경 요인 혹
은 건전한 외부 요인이 없습니다. 유기농으로 농사를 지으면
비용은 거의 2배가 되지만, 앞서 말한 외부 요인 때문에 같
은 비율로 가격도 오릅니다. 제 생각에 유기농은 다양성과
연관된 좀 더 수익성이 좋은 모델을 찾기 전까지는 비용이
많이 듭니다."

펠리페가 말한 수익성이 좋은 모델의 예로는 FAF에
서 생산하는 카스카라 차, 과일, 종자와 목재 판매 등을 들
수 있다.

펠리페는 공정무역 인증이 커피의 등급은 물론 가격
에도 긍정적인 영향을 미치지 않는다는 점에 주목하라고 말
했다.

"인증은 고품질 커피를 생산하도록 지원하지 않습니
다. 오히려 낮은 품질로 생산을 최대화하도록 하는 편입니

다. 공정무역 커피는 한 자루에 119유로, 즉 1킬로그램당 약 2유로 정도입니다. 그런데 생산자는 인증을 받기 위해 회비와 비용을 부담해야 합니다."

가격, 특히 생산자가 고품질 커피를 재배해 얻는 수입에 대해 이야기한 펠리페는 어디까지나 평균치일 뿐이라고 강조했다.

"가끔은 정말 훌륭한 품질의 커피를 팔기도 하는데, 그럴 때 생산자에게 한 자루당 870유로, 즉 1킬로그램당 14유로 넘게 지불한 적도 있습니다"라고 자랑스럽게 말했다.

마지막으로 펠리페는 지금까지 생산자에게 지불해야 할 금액만 말한 것이라고 강조했다. 컨테이너와 수송비, 정제, 자본 투자, 사무 처리, 여러 돌발 상황에 따른 위험 비용, 다른 제반 비용 등 헤아리면 끝이 없다.

커피는 소매업에서도 매우 중요한 상품이다. 식료품 소매상은 손해를 감수하면서도 저렴한 가격의 커피를 내세워 고객을 유인한다. 사람들은 그날 커피를 가장 저렴하게 판매하는 슈퍼마켓에서 제일 싼 커피를 사면서 장을 보는 경우가 많기 때문이다. 이런 구도는 커피의 미래를 생각할 때 전혀 바람직하지 않으며, 가난한 생산자가 자립하는 데 어떤 도움도 되지 않는다. 그런데 우리는 뉴욕 커피 페스티벌에서 홀푸드 마켓을 방문했을 때 다른 현실을 목격했다. 홀푸드

마켓은 이미 커피의 가능성을 이해하고 있었다. 홀푸드에는 다양한 소규모 로스터리의 품질 좋고 신선한 커피가 즐비했다. 그리고 여러 매장에 숍인숍shop-in-shop 카페가 있어서 바리스타가 만든 커피를 테이크아웃할 수 있을 뿐 아니라 커피를 추천받을 수 있다. 따라서 커피는 가격이 아니라 품질이라는 점에서 판매를 촉진하는 역할을 한다.

요식업과 여행업계에서 커피는 가장 잘 팔리거나 적어도 상위 3위권 안에 드는 상품으로, 생맥주 다음으로 마진이 클 것이다. 한잔의 커피는 콜라나 맥주 한잔보다 단가가 낮지만, 벌어들이는 돈은 커피가 더 많을 것이다. 커피는 아침부터 저녁까지 판매되는데, 맥주는 주로 저녁에 판매되고 소비도 주말에 집중되기 때문이다. 주유소에서는 커피와 가솔린 매출이 엎치락뒤치락 경합을 벌이기 시작했으며, 서양의 기업은 직원들에게 커피를 무상으로 제공하는 경우가 많다.

기업형 로스터리들은 오랫동안 소매상과 레스토랑에 품질이 좋지 않은 커피를 상당히 낮은 가격으로 판매해왔다. 이들에게 커피는 무엇보다도 양으로 승부하는 상품이지만, 소비자에게는 일상생활의 리듬을 잡아주는 기호품이 되었다. 우리가 상상하는 커피 가격은 완전히 틀렸다. 조금 전, 슈퍼마켓에서 저렴하게 구입한 커피의 매입가가 판매가보다 훨씬 비쌀 수도 있다는 사실을 아는 사람은 극소수다. 그리고 이 커피는 질 좋은 커피가 아니라 대량생산된 것이다. 우리는 카페인의 각성 효과와 습관 때문에 오랫동안 이 쓴 음료를 마신 것이다.

커피가 너무 저렴한 탓에 우리는 커피에 대한 평가도 못하고 있다. 값싼 커피라도 맛이 특별히 이상하지 않고, 마시면 금단 증상이 없어진다. 카페인이 뇌의 시냅스를 자극해 기분이 좋아지고, 쓴맛이 많은 벌크 커피는 장 활동을 활발하게 한다. 그러니 커피가 우리 일상의 일부로 자리 잡은 것은 자연스러운 일이다.

오늘날 언제 어디서나 커피를 마실 수 있음에도, 고품질의 스페셜티 커피를 맛본 사람이 꽤 적다는 것은 놀라운 사실이다. 어쩌면 그래서 우리는 지금보다 더 맛있는 커피를 원하거나 요구할 줄 모르고, 질 좋은 커피보다 저렴한 커피를 찾는 데 열중하고 있는지도 모를 일이다. 그 결과, 우리는 집에서도 직장에서도 마실 양보다 더 많은 커피를 만들고, 그중 상당량을 하수구에 버린다.

이런 낭비가 계속될 수 없다는 것은 예언자가 아니라도 알 수 있을 것이다. 기후변화로 커피 재배는 해마다 어려워지고 있고, 수요가 공급을 따르지 못하면 시장에서의 거래 가격은 오른다. 미래에는 점심 식사나 호텔 조식에 포함된 커피나, 직장에서 커피머신의 버튼을 누르면 마실 수 있었던 공짜 커피를 기대할 수 없을 것이다. 커피 가격이 오르면 소비도 줄어들고 우리도 커피에 대해 이성적으로 생각하게 될 것이다. 적어도 그렇게 되기를 바란다.

대량생산된 커피를 즐기는 사람들이 세상의 종말이라고 느낄지도 모를 이런 방향 전환은 커피산업 전체의 이익을 생각하면 긍정적인 측면도 있다. 공짜 커피가 사라지고 커피에 적정한 값을 치르기 시작한다면 로스터리와 생산자는 보다 더 좋은 품질의 커피, 윤리적이고 친환경적인 재배 환경 조성에 주력할 수 있다. 로스터리는 생산자에게 지속 가능한 재배 모델을 요구하고 그에 상응하는 매입가를 조건으로 내걸 수 있다. 소매상은 마진을 양보하지 않으면서도 소비자에게 더 나은 제품을 제공할 수 있을 것이다. 그리고 마지막으로 커피 중독자인 우리는 탐욕에 눈이 멀어 열대우림을 파괴하는 대신 나무를 심는 생산 과정을 거친, 질 좋고 맛있는 커피를 즐길 수 있을 것이다. 물론 커피 가격 자체는 오른다. 하지만 우리가 '귀한' 커피를 하수구로 흘려보내는 일이 줄어들면, 커피에 쓴 돈을 헛되게 할 일도 없다는 뜻이기도 하다. 이런 진일보가 이루어진다면, 우리는 미래에도 커피를 마실 수 있을 것이다.

펠리페는 스톡홀름 커피 페스티벌에서 특히 젊은 세대가 커피업계에 비판적인 태도를 보이기 시작했다는 것을 느꼈다. 세상을 보다 좋게 바꾸기 위한 의식적인 소비가 늘어난 것이다.

"지금은 품질이 바로 그 '잇템'이라고 생각합니다. 하지만 그렇다면 품질이 가져오는 진정한 부가가치는 무엇인가 하는 질문이 뒤따릅니다. 나에게 상을 주고 싶을 때 맛있는 맥주를 마시죠. 맛있는 커피나 맛있는 음식을 먹으면 기분이 좋아집니다. 새 셔츠를 사면 기분이 좋습니다. 그런데 그 후에 오가닉 셔츠를 사면 기분이 더 좋아집니다."

펠리페는 소비의 진화 이론을 소개하며 설명했다.

펠리페는 이 주제와 관련해 계속해서 관찰했었다. 스톡홀름의 밤이 깊었을 때 나눈 대화는 맥주에 관한 것이었는데 바로 그런 것이었다.

"2009년에 미국을 떠날 때는 모두 버드와이저를 마셨습니다. 소규모 양조장의 맥주를 마시는 사람은 무척 드물었죠. 2015년에 미국으로 돌아가 내슈빌에 커피 이야기를 하러 갔다가 저녁에 바리스타들과 컨트리 바에 맥주를 마시러 갔습니다. 거기서는 장인들이 만든 수제 맥주를 마실 일이 없을 거라고 생각했습니다. 제가 미국에 살 때는 그런 문화가 없었거든요. 그래서 버드와이저 다섯 병을 샀습니다. 그런데 이 바리스타들은 버드와이저를 처음 마셔본다고 하더군요.

20대 바리스타들은 쥐꼬리만 한 급여에도 현지의 소규모 양조장에서 만든 맥주만 마셨어요. 정말 대단했어요!"

펠리페는 사람들의 의견이나 습관, 생각의 변화와 진보를 존중해야 한다고 생각한다. 먼저 지속 가능성과 다양성에 대해 말하고 큰 전체상을 그려 보인다.

"대학에 다닐 때 어슐러 굿이너프라는 교수님이 있었습니다. 교수님은 모든 사람이 자신만의 평화의 중심을 찾아야 한다는 내용의 책을 쓰셨습니다. 종교 외에 우리 모두가 평등하다는 것을 느낄 수 있는 것을 찾아보라고요. 교수님에게는 그게 자연과 지구였습니다. 우리는 자연을 존중해야 합니다. 그러지 않을 경우 자연을 잃을 게 뻔하니까요. 우리는 여러 가지 작은 규칙을 지켜야 합니다. 만약 지키지 않으면 과학자 요한 록스트룀 같은 사람이 나타나서 사태를 분석하고 이렇게 말할 겁니다. '저는 심판이고, 당신은 이것을 따라야 합니다.' 자연을 존중하도록 강요받거나, 당연히 그래야 한다고 믿고 자연을 존중하거나. 저는 후자가 맞고, 그렇게 하는 게 이 세상에도 좋다고 생각합니다."

펠리페가 말한 요한 록스트룀은 스톡홀름대 교수이자 지속 가능한 발전과 천연자원 고갈 위험 연구로 세계적으로 널리 알려진 인물이다.

펠리페는 가장 큰 문제로 소득과 교육 수준과 상관없

이 발생하는 전 세계의 불평등을 꼽았다. 대기업 같은 이익 집단과 권력을 소유한 몇몇 사람이 새로운 생각의 실현을 아주 불가능하지는 않더라도 적어도 가능한 한 어렵게 만든다는 것이다. 그리고 더 나은 것이 있다는 것을 알지 못한다면 어디서 그것을 찾을 의지가 나오겠는가?

대기업 그리고 매우 풍족한 몇몇이 새로운 생각이나 변화를 불가능한 건 아니지만 실현되기 어려운 구조로 만든다는 것이다. 앞서 말한 것처럼, 좋은 커피를 마셔본 적 없는 생산자들처럼 더 나은 것이 있다는 것을 알지 못하는데 어디서 그런 것을 찾으려는 의지가 생기겠는가?

"자기만의 세계에 살면서 소수의 사람들한테만 신경 쓴다면 뭔가 바꾸려고 할까요? 거기서 학교를 다니고, 거기서 취미활동을 하고, 모든 사람을 알고 있으니 모든 게 다 잘 돌아갈 겁니다. 뭣 하러 인생에 의문을 가지겠습니까? 이런 사람들에게는 '커피포트 하나로 10잔의 커피를 내릴 수 있는데, 왜 맛있다는 이유로 한잔만 내리는 거야'가 되는 겁니다. 100잔을 내릴 수 있는데 왜 10잔을 내리나요?"라고 펠리페가 묻는다.

펠리페는 중산층이 해결책이라고 본다. 적어도 서양에서는 말이다.

"교육을 받고, 정보에 접근할 기회가 있는 중산층이

늘어나면 재미있는 일이 벌어집니다. 그래서 우리는 유럽, 미국이나 호주에 가는 걸 좋아합니다. 스스로 생각하고, 질문을 던지고, 재미있는 일을 하는 사람들을 볼 수 있기 때문입니다."

최종 문제는 그리 큰 액수의 이야기가 아니다. 사람들은 슈퍼마켓 전단지에 쉽게 눈이 멀지만 말이다. 유럽의 슈퍼마켓에서 벌크 커피 1킬로그램의 가격이 10유로라면, 그중 9유로 이상이 농장에서 슈퍼마켓의 진열대나 카페 카운터에 이르게 하는 물류 체인 종사자들에게 간다. 남은 1유로가 조금 안 되는 금액이 세금과 기타 관공서의 몫이라면, 생산자에게는 얼마가 남을까? 또는 생산자 밑에서 중노동을 하는 노동자들의 몫은 얼마일까? 너무 적은 대가는 악영향을 끼칠 수밖에 없다. 전 세계 대부분의 생산자는 손수 재배한 커피를 킬로그램 단위로 아주 저렴한 가격에 팔고 있다. 그래서 어떻게든 가능한 한 빨리 수확량을 늘려 최대한 원가를 낮출 수밖에 없다. 그러니 노동조건이나 땅의 미래 같은 데 신경을 쓸 여유가 없다. 가족을 굶기지 않으려는 목표만으로도 벅차기 때문이다. 생산자들은 가격과 품질이 밀접한 관계라는 사실조차 모르는 경우가 많다. 즉, 품질이 좋다면 수확량이 적어도 된다는 것 또한 알지 못한다.

그렇다면 대량생산된 벌크 커피와 지속 가능한 방법으로 생산된 커피의 가격 차이는 어느 정도일까? 커피 소비량 통계를 작성할 때 또는 한잔의 커피 값을 비교할 때 한잔은 120밀리리터이다. 커피 한잔에는 약 7.5그램의 커피가루가 쓰인다. 그러면 1킬로그램의 커피로 약 133잔을 얻을 수 있다. 만약 카페 등에 벌크 커피가 1킬로그램당 8유로에 공급된다면, 한잔의 가격은 0.06유로 정도다. 한편 지속 가능한 방법으로 생산된 고품질 커피가 18유로에 공급된다고 해도 한잔당 가격은 0.14유로에 지나지 않는다. 소비자의 지갑에서 이 8센트의 차이는 고작해야 10센트 정도 지갑이 가벼워지는 것으로 나타날 것이다.

슈퍼마켓에서는 커피를 소포장해 팔기 때문에 약간의 가격 차이도 크게 느껴진다. 소매상이 1킬로그램당 8유로에 매입한 벌크 커피를 500그램에 6유로를 매겨 판매할 경우 소비자는 1킬로그램당 12유로를 지불하는 셈이다. 만약 스페셜티 커피를 1킬로그램당 18유로에 매입한다면, 우리는 500그램당 13.5유로, 즉 1킬로그램당 27유로를 주고 사는 셈이다. 슈퍼마켓을 비롯한 소매상은 왜 이렇게 가격차가 나는지를 소비자에게 설명할 책임이 있다. 그러나 한편으로는 비싼 커피를 내린 다음 일부러 마시지 않고 버리는 사람은 적을 것이라고 가정할 수 있다.

비싼 커피라고 하지만, 비싸기는커녕 꽤 싸다고 생각하는 사람 역시 드물다. 그리고 어느 쪽이든 기후변화가 커피 재배를 돌이킬 수 없는 상태로 강제하고 있다는 점에는 변함이 없기에 마르쿠스는 보다 적은 양의 더 좋은 커피를 마시라고 권한다.

"커피는 하루를 여는 첫 번째 음식입니다. 그러니 좋은 걸 마시면 금방 알아차릴 겁니다. 한잔의 커피는 얼마 안 하지만, 거기서 얻는 즐거움은 오래 갑니다."

마르쿠스는 우리 모두가 변화와 혁명의 일부가 되는 여정에서 커피가 소비자와 생산자 사이의 연결고리 역할을 한다고 말한다.

"커피처럼 친밀한 것이 인식을 높이고 세상을 바꿀 수 있습니다. 이 아름다운 지구에 태어난 우리 모두는 즐겁게 자기가 필요로 하는 것을 충족하고 떠나면서 다음 세대에 더 좋은 곳으로 남겨주어야 합니다. 좋은 일을 했다는 걸 안다면, 떠날 때도 그렇고 스스로도 계속 기분이 좋을 겁니다."

마르쿠스가 타이르듯 말했다.

마르쿠스보다 현실적이고 신중한 펠리페는 커피를 특별하게 하는 것으로 일상적이라는 점을 꼽는다. 커피는 전 세계 수많은 사람의 일상생활의 일부지만, 동시에 훨씬 큰 어떤 것이기도 하다.

"커피는 사람들이 만나고 교류할 핑곗거리로 쓰이곤 합니다. 어떤 면에서는 항상 눈앞에 있었지만 미처 깨닫지 못한 것에 가치를 부여해주는 건 아닌지 생각합니다. 어떤 일의 방식에 대해 누군가의 의견을 바꾸는 것은 아주 어려운 일입니다. 사람들은 아주 완고하고 각자의 방식이 있어서 자기가 어떻게 해야 하는지 안다고 여깁니다. 만약 커피로 뭔가 증명하고 싶다면, '이렇게 해야 해'라는 식으로 하면 안 됩니다. 그렇게 해서는 절대 안 되고, 반대로 은근슬쩍 테이블 위에 올리는 식이어야 합니다."

　펠리페가 설명했다. 한잔의 커피처럼 올리는 일, 일리가 있다.

　마르쿠스는 좋은 커피와의 관계를 '로맨스'라는 단어를 써서 설명했다.

　"우리는 맛뿐 아니라 커피의 다양한 면을 원합니다. 좋은 와인처럼요. 먼저 향기를 맡는 것부터 시작합니다. 좋은 커피는 주말에 로스팅해서 마실 만큼만 그라인딩합니다. 그렇게 로맨스가 시작됩니다. 총체적인 일입니다. 먼저 품질을 만끽하고, 그다음에 향기의 끝에 펼쳐진 세계에 도달하죠."

　마르쿠스의 이야기를 들으며 다음 세대가 어떤 세상에 남겨질지 생각하게 된다. 황폐해진 대지와 새들이 없는 하늘일까? 아니면 다양한 자연과 천천히 회복되는 우림일까?

우리는 스톡홀름 커피 페스티벌의 도회적인 분위기 속에서, 브라질의 열대우림 한복판에서 펠리페와 마르쿠스가 자신을 위한 일상생활 속 작은 사치로 스페셜티 커피를 언급하는 것을 여러 번 들었다. 지속 가능한 농업 원칙에 따라 재배한 스페셜티 커피에 노동자가 노예처럼 혹사당하거나 화학비료와 살충제는 용납할 수 없는 일이다.

펠리페는 롤렉스 시계나 고급 와인과 비교하지는 않지만, 슈퍼마켓에서 파는 벌크 커피와 비교하면 한잔에 5달러짜리 커피는 사치품이다.

펠리페는 "원산지를 추적할 수 없다면 소비자에게 있어 커피의 가치는 떨어질 거라고 생각한다"며 예를 들어 설명했다.

"소비자에게 두 종류의 커피를 제공한다고 해봅시다. 하나는 87점, 다른 하나는 88점을 받은 것으로요. 사람들이 그 차이를 알 수 있다고 생각하시나요? 하지만 만약 소비자에게 하나는 유기농이고 다른 하나는 아니라고 한다면 얘기가 달라집니다. 소비자는 그 정보를 중요하게 여길 겁니다."

펠리페는 커피업계가 새로운 소비자들을 아직 확실히 파악하지 못한 것 같다고 본다. 그들은 성장 가능성이 있는 좋은 커피의 가치뿐 아니라 훌륭한 일을 하는 농장에서 재배한 좋은 커피의 가치를 안다.

"한번은 프랑스에서 좋은 생산자에게 합당한 보상을 주자는 콘셉트로 강연을 했습니다. 강연이 끝난 후 어느 바리스타와 이야기를 나누게 되었습니다. 그분은 우리가 무엇을 이야기하는지 이해한다고 했습니다. 우리가 말한 게 '종합적 품질'을 의미하는 거라고 말이죠. 참 멋진 용어란 생각을 했습니다. 지금까지 들었던 것 중 가장 정확한 표현이었습니다."

시간이 흐르면서 펠리페와 마르쿠스는 종합적 품질이 새로운 개념이 아니라는 것을 알았다. 제조업에서는 이미 쓰이는 용어였다. 생산, 노동, 그리고 환경에 끼치는 영향과 지속 가능한 발전까지 포함한 의미로 사용되고 있었다. 하지만 크로체 가족은 이 아이디어를 더 발전시키고자 했다.

어느 날 저녁, 상파울루의 즉흥적인 카니발의 난리법석에 뛰어들기 전에 우리는 카페에서 산 한잔의 커피나 슈퍼마켓에서 구매한 원두가 마음에 든다면 생산자에게 팁을 줄 수 있는 모바일 앱을 구상했다. 어디서 어떤 커피가 재배됐는지의 투명성과 원산지 추적은 필수조건이다. 제대로 구현된다면 소비자는 생산자가 자신이 선택한 길을 가도록, 이를테면 고품질 유기농 커피를 계속 재배할 수 있도록 직접 응원할 수 있다. 몇 센트의 팁은 소포장된 원두 가격으로 보면 미미하지만, 고된 노동을 하는 생산자에게는 자기 노동의 가치를 피부로 느낄 수 있는 놀라운 경험이 될 수도 있다.

이 아이디어는 다른 식품들에도 적용할 수 있을 만큼 매력적이다. 쌀 같은 곡물은 생산자가 직접 대부분의 일을 한다. 그리고 경작 방법은 생산 과정 중에서 가장 큰 탄소발자국을 남긴다. 몇 센트의 팁으로 영향력을 줄 수 있다면, 분명 많은 소비자가 지속 가능한 발전을 지지할 것이다. 그에 따른 보상으로 소비자들은 앞으로도 고품질의 맛있고 친환경 제품을 받게 될 것이다.

기후는 우리 모두의 문제이고, 열대우림은 지구에서 가장 크고 중요한 산소탱크이다. 만약 지금까지 구입한 식품 등을 조금 더 비싸게 구입한다면, 그만큼 음식물 쓰레기통이나 하수구로 흘려보내는 양이 줄어 결과적으로 최종 비용은 그다지 달라지지 않을 것이다.

커피 농장 안과 밖,
두 세계 사이의 투명성

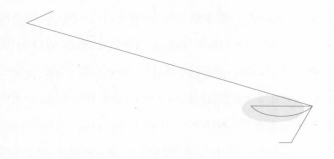

우리는 2016년 헬싱키 커피 페스티벌에서 로스터리와 생산자를 연결하는 일을 하는 덴마크인 렌나르트 클럭스를 만났다. 그의 회사 디스 사이드 업This Side Up은 '직거래를 늘리자'는 모토대로 일하고 있다. 디스 사이드 업은 르완다, 탄자니아, 콜롬비아와 태국 등의 생산자들과 직거래를 하고 있다. 렌나르트에 따르면 특히 아시아 국가의 소규모 생산자들의 인식이 바뀌고 있는데, 지나치게 서두르지는 않고 있다.

모든 것은 2008년에 렌나르트가 커피 재배가 취미인 부유한 덴마크인을 위해 탄자니아에서 일하면서 시작되었다. 그는 정말 품질이 좋은 커피를 생산했고, 생산자들에게 삯을 잘 쳐줬다. 그는 렌나르트에게 마케팅과 로스터리에 직접 커피를 판매할 수 있는 홍보 방안을 의뢰했다. 일을 하는 동안 렌나르트는 커피의 가치사슬에 대한 지식을 쌓으며 현재 커피산업에서는 개발 원조가 작동하지 않는다는 것을 깨달았다. 지금까지 개발 원조는 문제의 원인을 없애려는 대신 쉽게 해결하려고만 했다. 개발도상국에 개발 원조로 우물을 만들어 마을 사람들이 식수를 얻을 수 있게 했다고 치자. 이때 우물을 어떻게 사용하고 관리할지 가르쳐주는 것도 중요하다. 그러지 않으면 펌프가 고장났을 때 아무도 고치지 못해 부품을 팔고 우물이 마르게 내버려둘 수도 있다. 개발 원조가 장기간에 걸쳐 효과를 얻을 수 있게 하는 열쇠는 교육과 정보, 그 활용법이다. 자금 지원은 엉뚱한 사람들의 주머니를 채우게 되기 쉬운데, 개발도상국은 물론 신흥공업국에서도 부정부패는 적잖이 나타나기 때문이다.

"만약 모든 거래 단계에서 한쪽만 이득을 보는 불공평한 부분을 제거한다면, 시장은 다시 '정상'으로 돌아갈 겁니다. '공정'이 아닙니다. 저는 공정 거래라는 말을 쓰는 게 이상하다고 생각합니다. 만약 그 덴마크 부자가 커피 브랜드를 만든다면 다른 소규모 업자들도 잘될 겁니다."

렌나르트는 모든 파트너가 같은 비전을 공유한다고 말했다. 자신의 수입을 확보하는 것만이 아니라, 참여하는 모든 사람이 최소한의 생계를 유지할 수 있는 수입을 얻는 것이다.

"그렇게 해서 좋은 점은 모두 즐겁고, 저는 일로 느끼지 않게 됐다는 겁니다. 같은 목표를 향해 노력하는 친구들과 소통하는 것 같습니다. 그들이 로스터리든 생산자든 수출업자든 말이죠."

가장 어려운 일은 적임자를 찾는 것이었다.

"일부는 이미 유기농을 하고 있었고, 올바른 방향으로 나아가고 있는 다른 사람들도 있었습니다. 하지만 가장 중요한 것은 올바른 사고방식입니다. 무엇보다도 사람들을 아낀다면 물건에 적절한 값을 치를 테고 화학비료를 쓸 생각도 하지 않을 겁니다."

아이디어는 거기에 있다. 제품이 흠잡을 데 없이 좋고 생산자가 로스터리에 직접 판매할 수 있다면 브랜드는 이미 만들어진 셈이다. 렌나르트의 과제는 그렇게 될 때까지 로스터리와 생산자 사이를 잇는 연결고리 역할을 하는 것이다. 그를 수입업자라고 할 수도 있겠지만, 그의 회사의 설립 이념은 로스터리 대신 물류를 처리하고 소규모 생산자에게 비전을 제공하는 것이었다.

렌나르트는 현재 소규모 생산자들은 자신이 생산한 커피가 어떻게 되는지 전혀 모르는 사람이 많다며 크로체 가족처럼 직거래를 지지하는 사람들과 마찬가지의 사실을 지적했다. 생산자들에게는 농장 바깥에서 일어나는 일에 관한 정보와 이해가 없었다.

"농장 안과 바깥, 이 두 세계를 연결하면서 생산자들의 소득이 올랐고, 동기부여도 늘었습니다. 생산자들은 사람들이 자신의 커피를 좋아하는 것을 보고 자랑스러워합니다. 보이지 않는 거래 관계 대신 진정한 협력 관계가 생긴 겁니다."

우리는 생산자와 로스터리의 사이의 직거래가 렌나르트의 자리를 없애는 건 아닐까 하는 의문이 들었다. 그러나 렌나르트는 다른 관점에서 바라보았다.

"그것도 계획에 포함되어 있습니다. 그렇게 된다면 저는 은퇴할 수 있을 테니까요. 하지만 제가 목표로 하는 것은 소규모 생산자에게 들어온 주문을 한꺼번에 모아서 처리해 물류비용을 더 아낄 수 있게 하는 겁니다. 직거래 무역의 문제는, 예를 들어, 10자루만 살 때 비용이 더 든다는 겁니다. 하지만 제가 180자루를 주문할 때 당신이 원하는 10자루를 붙여서 구매한다면 배송비는 사실상 무료입니다. 내 이익만 생각해 거래를 망치는 게 아니라 그들의 거래가 원활하게 이루어질 수 있도록 제안하는 겁니다. 그게 우리 회사가 존재하는 의미라고 생각합니다."

렌나르트가 담당하는 중간자 역할은 커피산업에서 빼놓을 수 없다. 마르쿠스도 쌀먹이새 협동조합을 통해 지역의 커피 유통을 관리하면서 이를 인정하고 있다. 가격은 시장이 결정하기 때문에 생산자는 지속 가능한 커피 농업과는 거리가 먼 수확량만 생각하기 쉽다.

마르쿠스는 수확량이 늘어나면 먼저 특정 품종의 작물 재배에 초점이 맞춰지고 그다음엔 그 품종이 얼마나 병충해 등에 강한지, 즉 재배하기 쉬운지에 주목한다고 말했다.

"뉴칼레도니아 농업연구소Institut Agronomique Néo Calédonien, IAC는 1932년부터 결실이 많고 병충해에 강한 품종을 개발해왔습니다. 브라질 은행은 아라비카 중에서도 결실이 많고 병충해에 강한 문도 노보Mundo Novo나 카투아이Catuai를 심는 생산자만 자금 지원을 해줍니다. 오늘날 브라질 커피 생산자의 90퍼센트가 이 품종들을 재배합니다. 커피 거래 가격은 콩, 석유, 설탕과 마찬가지로 고정되어 있어서 생산자들이 생물다양성을 고려할 여유가 없습니다."

마르쿠스는 생산에 중심을 둔 사고방식을 크게 우려하고 있다.

시장이 가격을 결정하면 인건비는 낮아진다. 항상 효율성을 요구하고, 더 적은 비용으로 도구와 인력을 최대한 활용해야 한다.

"누가 내일을 걱정할까요? 죽는 건 아직 먼 훗날 이야기니까 아무 걱정도 하지 않습니다. 땅에 독극물 같은 화학비료와 살충제를 뿌려 우리가 먹는 걸 오염시키고 있습니다. 가끔 어느 농장에 갈 일이 있는데, 직접 기른 걸 먹지 않고 슈퍼마켓에서 음식을 사오더군요. 그래서 우리는 마실 물을 미리 준비해서 갑니다."

마르쿠스가 열변을 토했다. 그래도 가끔은 귀 기울여 듣는 사람들도 있기 마련이다.

커피는 정치 게임의 도구로 이용된 역사가 있다. 예를 들어 케냐산 커피가 그렇다. 케냐 커피는 늘 전 세계에서 가장 좋은 커피로 꼽힌다. 고지대에서 재배해 깔끔하고 우아한 맛이 난다. 업계 종사자들은 케냐 커피를 높이 평가하며 기꺼이 그 값을 치른다.

케냐의 커피 재배지 가운데 특히 인정받는 곳이 니에리Nyeri다. 니에리산 커피는 뛰어난 품질에 걸맞은 값을 받기 때문에 니에리의 주지사는 지역에서 재배한 모든 커피를 한곳으로 모아 가공한 다음 수출코자 했다. 생산자들의 경쟁을 제한함으로써 커피 가격을 최대한 높이려 한 것이다. 그러나 이런 모델은 서구의 소규모 로스터리가 생각하는 자유무역에 반하는 것으로 최악의 경우 니에리 커피를 거부하는 움직임으로 이어질 수 있다. 지역 정치인들은 생산자들에게 더 많은 이익이 돌아가도록 하는 좋은 모델이라고 생각했을지 모르지만, 역효과가 날 가능성이 크다. 기업형 로스터리는 니에리 같은 지역의 비싼 커피는 구매하지 않기 때문이다. 따라서 소규모 로스터는 이런 지역 생산자에게는 없어서는 안 될 중요한 고객이다.

브라질 정치인들은 특정 품종의 재배만 지원하는 것으로 비판을 받았다. 지원을 받는 품종들은 병충해에 강하고 수확량도 많지만 맛이 단조롭다. 직사광선과 독한 비료에 강해 대규모로 재배되기 때문에 생물다양성을 훼손하는 원인이 되고 있다.

커피업계에는 부정부패가 만연해 있다. 우리 소비자들은 업계에 구매로 영향력을 행사하는 것과 동시에 큰 책임도 지니고 있다. 원산지를 추적할 수 있는 커피를 구매함으로써 우리는 부정부패에 저항하고 지속 가능한 발전을 지원할 수 있다. 우리가 그렇게 함으로써 생산자들과 농장에서 일하는 사람들의 소득을 보장할 뿐 아니라 생물다양성과 공익에 일조할 수 있다. 제품 패키지나 로스터리의 홈페이지 같은 곳에 해당 커피가 생산된 농장이나 협동조합에 관한 자세한 정보가 있다면, 이 커피의 생산지 추적 가능성tracerbility은 높다고 할 수 있다. 물론 협동조합의 활동도 투명성이 담보되어야 하며 농장의 근로여건 등을 파악하고, 요청이 있을 경우 생산자의 정보를 제공할 준비가 되어 있어야 한다.

그런데 많은 커피 생산국에서 생산지 추적은 꽤나 어

려운 문제다. 남미의 여러 국가에서는 커피 재배지를 추적할 수 있는데, 대부분 개인이 소유한 소규모 가족농장에서 생산되기 때문이다. 농장 이름은 농장주의 이름에서 따온 경우가 많고, 특히 스페셜티 커피를 생산하는 곳이라면 농장의 이름을 업계에서 유명한 브랜드로 만들려고 노력한다. 반면, 다른 나라에서는 개인의 토지 소유가 드물거나 시장 규제 및 환경이 수출을 제한해 생산지를 추적하는 데 어려움이 따른다.

커피 농장을 추적하는 게 불가능하다고 대담한 대기업들에 관한 생각을 묻자, 렌나르트는 앞서 우리가 언급한 바를 인정했다. 또한 그는 지역별로도 차이가 있다고 강조했다.

"저는 콜롬비아에서는 한 농장하고만 거래합니다. 그래서 어떤 사람들의 손을 거쳐 커피가 만들어졌는지 정확히 알고 있습니다. 하지만 르완다에는 하나의 가공소가 적어도 소규모 농장 200곳의 생두를 취급하는데, 농장에 따라 두 자루만 나오기도 합니다. 겨우 커피 두 자루 때문에 가공소를 열 수는 없으니 구분이 불가능합니다."

게다가 렌나르트가 생각하기에 모든 농장을 구분하는 것은 무의미하다. 그는 협업으로 지역 전체의 품질을 끌어올릴 수 있다면 모두에게 이익이 된다고 본다.

"또 다른 걸림돌은 제대로 된 가공소가 없다는 겁니다. 생산자에게서 이득을 취하려고만 하지 않고 생산자들이 자율적으로 운영하면서 지역사회에 이익이 되고자 하는 곳 말입니다."

전 세계에서 손꼽히는 양의 생두를 매입하는 핀란드 기업 파울리그는 어떻게 생각할까? 파울리그의 홍보 담당 아니타 락센은 파트너 네트워크를 이용한다고 말했다. 그러면 커피 생산국에서 소규모 생산자의 고품질 커피를 모을 수 있다고 한다.

락센은 이메일로 "우리는 파트너 네트워크를 통해 생산자들과 중요한 협업을 합니다. 그들은 생산자들이 제품을 해외 시장에 내놓을 수 있도록 돕고, 우리가 각지에서 실시하고 있는 지역 발전 프로젝트에서 생산자를 지원하는 역할을 수행합니다"라고 설명했다. 락센은 파울리그가 윤리적인 공급망과 지속 가능한 재배에도 주의를 기울인다고 강조했다.

"우리는 인증 등의 방법으로 검증된 농장을 추적할 수 있습니다. 올해(2017년) 말에는 우리가 사들이는 생두의 70퍼센트 이상이 검증된 곳에서 공급될 것이며, 목표는 2018년 말까지 100퍼센트를 달성하는 겁니다."

100퍼센트는 누구에게나 달성하기 어려운 목표지만, 특히 파울리그 같은 대기업에는 더 어렵다. 락센의 입장을 들으니 소규모 생산자뿐 아니라 대기업도 변화하는 세상과 의식 있는 소비자의 요구를 의식하고 있다는 게 느껴졌다.

사실 책임의 기준은 스스로 정해버리면 그만이고 인증으로 대체할 수도 있다. 하지만 우리가 반복해서 말한 바와 같이 어떤 한 분야의 인증만으로는 그 외의 부분에서의 책임을 입증하기에 충분하지 않다. 인증받은 커피라고 해도 그 커피가 지속 가능하다고, 즉 모든 면에서 주의를 기울였다고 확신할 수 있을까?

2016년 10월, 핀워치가 발표한 보고서에 따르면 인증은 물론 기업의 사회적 책임과 관련된 프로젝트들도 노동환경과 관련된 큰 문제들을 확인하지 않고 지나쳤다. 이 보고서는 핀란드의 커피 관련 기업들을 비판했다. 덴마크의 독립 미디어 단워치DanWatch도 다국적 기업 네슬레와 네덜란드의 글로벌 커피그룹 JDE에 통렬한 비판을 쏟아냈다.

커피 산지를 여행한 결과, 우리는 품질에 집중하는 스페셜티 커피 생산자와 제3의 물결의 커피 전문가와 마찬가지로 품질과 투명성이 각종 인증보다 더 포괄적이고 윤리적이며 환경에도 좋은 보증임을 믿는다. 커피산업의 목표가 시장에 싼 커피를 가능한 한 많이 공급하는 것인 이상 우리는 위법 행위와 착취에 관한 뉴스를 계속 보게 될 것이다.

그렇다면 대기업은 어떻게 소규모 생산자들과 함께 비즈니스 모델을 바꿀 수 있을까? 지속 가능한 발전에 힘쓰고 협력사들에게 노동자들의 명단, 평균임금의 장부 기록,

사용한 화학비료나 구입 목록 작성 등을 요구하는 등의 방법이 있다.

인증에 의존하는 것은 결국 마케팅이나 광고 대신이 아닐까 하는 의심을 부른다. 예를 들어, 유기농 인증은 중요한 판매 포인트가 되었다. 하지만 기업은 정말로 큰 그림을 그리며 장기적인 관점으로 보려는 생각이 있을까? 로스터리는 가능한 한 저렴하게 (인증을 받은) 생두를 구매해 낮은 시장 가격을 유지함으로써, 저렴한 것 대신 품질 좋은 커피를 제공하는 제3의 물결의 공급자들과의 경쟁에서 이기려고 하는 건 아닐까?

기업들은 마케팅이나 기타 예산을 인증을 받고 그것을 광고하는 데 사용한다. 만약 그 대신 커피의 킬로그램당 가격을 2~3유로로 인상한다면 생산을 둘러싼 윤리 및 환경 문제에 더 쉽게 개입하고, 품질 향상도 기대할 수 있지 않을까?

인증은 돈만 있으면 살 수 있다. 게다가 어떤 인증도 지속 가능한 발전을 위한 요소를 망라하지는 못했다. 또 인증은 서로 경쟁한다. 이는 레인포레스트 얼라이언스와 UTZ의 통합에서도 나타난다. 합병 동기는 소비자의 각성과 그에 따른 새로운 요구사항 등 외연 확대에 있겠지만, 그럼에도 우리가 제안한 종합적 품질 개념과는 거리가 있다.

이것은 민감한 주제다. 우리는 생산지 추적과 기업 책임에 관한 질문을 파울리그 외에도 스타벅스, 라바짜, 네스프레소 같은 다른 대기업에도 보냈지만 거의 응답이 없었다. 스타벅스는 책의 내용과 성격에 대한 추가 정보를 요청했지만, 우리가 추가 설명을 보낸 뒤로는 묵묵부답이었다. 응답이 없다고 해서 그들이 무언가 숨기고 있다는 뜻은 아니지만, 정보 공개는 생산지 추적 가능성을 말할 때 핵심이 되는 요소이다.

생산지 추적과 물류사슬 전체의 투명성 유지는 비용이 들지만, 이를 유지하려면 사실상 포장 커피의 가격을 인상하는 것 외에는 달리 방법이 없다. 따라서 고품질 커피만 투명성을 유지하며 재배하는 게 경제적으로 합리적이다. 저품질 커피를 생산하는 농장에 생산지 추적을 적용한다면 가격 경쟁을 버텨내지 못할 것이다. 소비자의 양심에 기대 몇 차례 구매가 이루어질 수는 있지만 오래 가지는 못한다. 좋은 품질과 맛이야말로 지속적인 구매로 이어지고 보다 지속가능한 소비 행동을 하도록 이끈다.

커피업계에는 윤리와 환경 문제에 대한 의문과 우려가 끊이지 않았으며, 다수의 커피 관련 기업은 개발도상국을 착취한다는 비난을 받았다. 그런 가운데 제3의 물결을 대표하는 소규모 로스터리들은 고품질 커피로 방향을 전환하고, 마케팅과 경영에 추적 가능성과 지속 가능성을 활용하고 있다. 이들은 이런 방식으로 품질에 민감하고 스스로 생각하는 소비자를 상대로 소구력을 높이고 있다.

고품질 커피를 구매하는 것은 때때로 소비자의 입장에서는 무척 어려운 일이다. 슈퍼마켓에서 고를 수 있는 커피는 대부분 저렴한 벌크 커피이고, 차이점은 로스팅 단계뿐이라 신선하고 품질 좋은 커피는 쉽게 구할 수 없다. 로스팅 단계만 강조하는 것은 대개 그 로스터리가 품질, 맛 또는 생두의 생산지 추적 가능성에 전혀 신경 쓰지 않고 있다는 증거다. 예를 들어, 커피 고유의 맛을 가리는 다크 로스팅을 강조함으로써 소비자의 관심을 커피 본연의 품질에서 벗어나게 하는 것이다. 만약 유통기한이 12개월에서 24개월이라면 품질이 썩 좋은 커피는 아니라고 추정할 수 있다. 포장 방법에 따라 다르지만 커피의 향은 로스팅한 날로부터 최대 2~6개월까지 최상의 상태로 유지된다. 어떤 커피도 1년간 신선함을 유지하지는 못 한다. 물론 마실 수는 있지만, 커피는 로스팅한 순간부터 두어 달이 지나면 맛을 잃기 시작한다. 품질과 가격이 비례한다면, 가격은 좋은 커피의 기준이 될 수 있다. 커피업계의 필독서로 꼽히는 『커피 아틀라스』(아이비라인, 2015)는 "포장된 커피 500그램의 가격이 4유로 이하라면,

질 좋은 커피는 아닐 것"이라고 간단하게 정리한다.

작은 스페셜티 커피 전문점은 전문적인 고객 서비스를 제공하며 구매 여부를 결정하기 전에 시음도 가능하다. 품질을 고집하는 소규모 로스터리 중에는 이런 고객 서비스가 불가능한 대형 체인점에 납품을 거부하는 곳도 있다. 소비자가 슈퍼마켓에서 가격이 비싼 스페셜티 커피를 사는 데 익숙하지 않아 재고 소진이 어렵고, 그런 만큼 커피의 신선도가 떨어진다는 우려에서 그럴 수도 있다. 사실 커피는 슈퍼마켓에서 미끼상품 역할을 하기 때문에 가격 하락의 위험이 있다. 이런 경우 커피의 품질과 가격에 대한 소비자의 인식은 왜곡될 가능성이 있다. 반면, 스페셜티 커피 전문점은 커피의 신선도에 특히 주의를 기울여 그에 맞는 합리적인 가격을 책정한다.

전 세계 식량 생산의 현재와 미래의 천연자원 부족을 이야기할 때 커피는 빙산의 일각에 불과하지만, 알기 쉬운 예이기도 하다. 식품의 생산방법이나 윤리성과 생산 및 가공 과정이 인간, 생물, 자연에 끼치는 영향을 논의할 때 카카오, 곡물, 과일과 육류 등이 커피와 유사한 점을 보이기 때문이다.

우리가 품질과 윤리, 환경을 무시하고 저렴한 가격을 요구하는 이상 산업형 대량생산은 계속될 것이다. 세상에는 부유한 사람과 가난한 사람이 존재한다. 따라서 사회에는 항상 서로 다른 가치와 욕구, 요구가 있다고 할 수 있다. 그러나 환경에 대한 인식이 높아지면서 음식 폐기량이 줄어들고 품질에 더 많은 돈을 쓸 수 있게 되었다. 식품에 관한 연구가 발전하면서 식품이 몸과 마음의 건강에 미치는 영향에 대한 인식도 높아졌다. 이와 관련한 좋은 예로 들 수 있는 게 바로 채식의 전 세계적인 유행이다.

커피에 대해 말하자면, 새로운 도전 과제가 끊임없이 생기고 있다. 다른 식품의 소비량이 안정되는 데 반해 커피의 소비량은 계속 증가하고 있기 때문이다. 전통적으로 차를 마신 러시아, 중국, 일본, 인도에서도 커피 소비량은 늘었다. 앞으로도 커피 수요는 계속 증가할 것으로 보인다. 월드 커피 리서치World Coffee Research가 추정하는 바에 따르면, 현재 연간 2~3퍼센트의 비율로 증가하고 있다. 2016년 커피의 세계 총생산량은 1억 5,000만 자루로, 한 자루는 대략 60킬로그램이다.

소비량의 증가는 생산량과 정비례하지 않는다. 동시에 커피 농업의 미래는 어둡다. 2015년 월드 커피 리서치는 한 연구기관의 리포트를 공개했다. 리포트에 따르면, 아라비카종을 재배하기 위한 기후 및 토양, 기온 조건을 충족하는 지구 표면적은 이론상 약 3,200만 헥타르이다. 그러나 그중 재배에 쓰인 면적은 2016년 기준 3분의 1에 해당하는 1,100만 헥타르에 불과했다. 이론상 나머지 2,100만 헥타르에도 아라비카종의 재배가 가능하다. 계속해서 수요가 늘고 있으니 재배 면적의 확장은 당연하다.

같은 기관이 발표한 연구 결과에 따르면, 오늘날과 같은 속도로 기후변화가 지속된다면 2050년에는 이론상 적합하다고 알려진 재배 면적의 절반인 1,600만 헥타르에서만 민감한 아라비카를 재배할 수 있다. 이렇게 되면 크로체 가족의 농장에서도 가까운 브라질의 미나스제라이스처럼 덥고 건조한 지역은 물론, 인도와 니카라과의 특정 지역이 어려움을 겪을 것이다. 오늘날 이 지역들에서 가장 많은 아라비카가 재배되고 있지만, 2050년까지 이 지역의 80퍼센트에서 커피 재배는 불가능할 것으로 보인다. 그리고 아라비카의 경우 지역들의 의존도가 워낙 높기 때문에 전 세계적으로 공급에 상당한 차질이 빚어질 것이다.

기온이 낮고 일정한 콜롬비아, 에티오피아, 케냐, 인도네시아는 기후변화의 영향이 덜할 것이라고 예측한다. 하지만 여기서도 아라비카 재배에 적합한 경작지 3분의 1은 사라질 것이다. 국제열대농업연구센터International Center for Tropical Agriculture, CIAT의 연구원 크리스티안 번은 "커피 수요가 점점 늘어나기 때문에 미래에는 더 많은 경작지가 필요하지만, 재배 가능 면적 자체가 감소할 것"이라고 말했다.

지구 온난화는 물론이고 엄청난 양의 화학비료와 살충제처럼 눈앞의 이익을 극대화하기 위해 개발된 지속 불가능한 경작법이 재배 면적 감소라는 비극적인 예측의 원인이다. 지구 온난화가 진행될수록 커피는 지금보다 더 해발고도가 높은 곳에서 재배할 수밖에 없다. 해발고도가 높아질수록 재배 면적은 더욱 줄어든다. 생산자들은 어려워진 환경에서 새로운 방법을 생각해내지 않을 수 없다. 그러나 산 정상까지 오른다 해도 더 이상 갈 데가 없다. 결국 이 모든 것이 가격에 영향을 미치고, 슈퍼마켓의 미끼상품이었던 커피는 늦어도 2080년에는 특별한 경우에만 즐길 수 있는 사치품이 될 가능성이 크다.

그렇다면 커피나무도 더 연구해야 하지 않을까? 환경 변화에 민감한 식물로서 커피나무는 기후변화가 자연과 생태계에 미치는 영향에 대해 많은 것을 가르쳐줄 것이다. 펠리페는 커피의 품종 개량과 연구가 드물어 현재 알려진 품종은 겨우 60여 종에 불과하다고 했었다. 놀랍게도 수박만 하더라도 수백 가지의 개량 품종이 있다고 한다. 현재 커피 연구자들은 지구 온난화와 가뭄, 병충해에 강한 품종을 만들고자 노력 중이다. 하지만 시간이 얼마 남지 않았다.

미팅이 끝날 무렵 렌나르트 클릭스는 기후변화만큼 이야기하지는 않았지만, 크로체 가족도 걱정했던 커피 재배의 미래를 화제에 올렸다.

"커피의 가장 큰 과제는 다음 세대에게 이 일을 물려주는 겁니다. 커피 재배는 세계 여러 나라에서 지독한 가난, 사회의 밑바닥을 의미하기 때문에 생산자의 자녀들은 도시로 떠나버립니다. 예전보다 많은 정보 유입과 세계화의 흐름 속에서 요즘 젊은이들은 부모보다 선택지가 많습니다. 그래서 가까운 도시로 나가 서비스업에 종사하려고 합니다. 생산자인 부모들도 자녀가 더 나은 삶을 살기를 바라죠."

그러나 렌나르트는 이런 상황을 어떻게든 바꿔 커피 혁명을 실현하고 싶어 한다.

"지금 함께 일하는 젊은 세대에게 품질과 스페셜티 커피 시장에 매진한다면 제대로 벌 수 있다는 것을 보여주고 싶습니다. 그래도 생산자들은 저나 다른 중개인에게만 의존해서는 안 되고 스스로 고객을 찾아야 합니다. 이제 그들은 자기가 재배하는 커피가 얼마나 좋은지, 얼마를 요구할 수 있는지 알기 때문입니다."

렌나르트는 선뜻 커피 생산국이라는 생각이 들지 않는 태국의 예를 들었다.

"태국에는 30~35세의 젊은이들이 운영하는 농장이

있습니다. 그들은 해외 거주 경험이 있어서 스페셜티 커피의 가치를 잘 압니다. 지난 몇 년 동안 매년 샘플을 보내주었는데, 어느날 정말 좋은 커피를 받았습니다. 85점을 받을 만한 것이었는데, 세계 최고는 아니지만 정말 괜찮았습니다. 이 젊은이들은 몇 가지 제품을 만들고 브랜딩해서 스페셜티 커피 시장에 직접 뛰어들고 싶어 합니다. 그들은 미래의 커피 생산자가 시장과 직접 커뮤니케이션한다는 살아 있는 증거입니다."

직거래가 생산자와 소비자 모두 이익을 얻는 좋은 모델이 될 수 있다는 점에서 우리는 렌나르트와 같은 입장이다. 렌나르트가 말한 태국 생산자들이 자신의 커피를 브랜드화해서 스페셜티 커피 시장에 직접 판매하기를 원하는 것처럼 크로체 가족도 브라질에서 자신들의 길을 개척했다. 이와 관련해 펠리페는 흥미로운 일화를 들려주었다.

2009년, FAF는 커피업계의 상위권에서 인정받는 파트너를 찾으려고 동분서주하고 있었다. 마르쿠스는 세계적인 바리스타인 노르웨이의 팀 웬델보에게 거의 한 달간 매일 전화를 걸고 이메일을 보냈다. 마침내 웬델보가 마르쿠스의 구애에 긍정적인 답변을 주었다. 브라질 출장에서 다른 업체 방문을 취소하고 FAF에 온 것이다.

펠리페는 웬델보가 이렇게 귀찮게 하는 놈이 도대체 뭘 가지고 있나 한번 보자는 태도였다고 말하며 웃음을 터트렸다. 하지만 상황은 심각했다. 웬델보의 방문 소식이 너무 늦게 전해진 나머지 크로체 가족은 이미 일주일 전에 그해 수확량을 모두 다른 곳에 팔아버린 것이다. 그러니까 웬델보에게 줄 수 있는 게 하나도 없었다.

"아버지가 가장 좋은 커피를 가져오라고 해서서 가져갔습니다. 웬델보는 브라질 커피를 그다지 좋아하지 않았습니다. 테이블 위에는 93점짜리 커피와 오래된 로스터기, 그라인더가 있었고 21살짜리 저희 직원이 커피를 내렸습니다."

펠리페는 커핑 상황을 설명했다.

웬델보는 아주 큰 흥미를 보였다고 한다. 그는 손가락을 튕기며 수확량 전부를 매입하겠다고 했지만, 마르쿠스는 이미 다 팔려서 그가 살 수 있는 물량이 없다고 했다.

"웬델보는 크게 화를 냈습니다. '뭐라고요? 한 달 동안 매일 전화해서 오라고 조르더니, 정작 팔 게 하나도 없다고?'라며 흥분했습니다. 그러고는 다음 수확기가 언제인지 물었습니다. 8월이라고 대답하니 8월 마지막 주에 오겠다며 누구보다도 먼저 사들이겠다고 하더군요. 그때부터 매년 우리 농장에 옵니다."

이 일화의 교훈은 만약 무엇인가 얻고자 한다면 인내

를 가지는 한편, 체면을 잃을 각오도 있어야 한다는 것이다.
자신의 일, 즉 커피에 대한 신념을 갖고 행동하면 상황은 바
뀔 수 있다.

커피 카우보이,
도시로 돌아오다

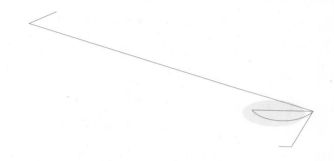

    지금까지 증명한 것처럼 크로체 가족이 이끄는 FAF
는 많은 점에서 특별하고 모범적인 커피농장이다. 우리만 그
렇게 생각하는 게 아니다. 업무상 세계 각지의 커피농장을
둘러본 라스 필렌그림은 스웨덴의 요한 앤드 뉘스트룀을 위
해 생두를 구매하는 일을 한다. FAF 농장의 정원에 앉아 대
화를 나누던 중 그는 FAF의 특별함으로 크로체 가족이 인근
생산자들에게 유기농과 지속 가능한 커피 농업을 권하며 꾸
준히 노력하고 있는 점을 꼽았다.

    습득한 정보를 이웃과 나누는 것은 하나의 단계로,
그 전에 스스로 정보를 모아야 한다. 그런 면에서 펠리페는
더할 나위 없이 좋은 예다. 펠리페는 커피를 위해 헌신적으
로 일했고 그 길은 험난했을 것이다. 펠리페는 그 시절을 웃

어넘기지만 어려움이 많았던 것 같다. 고산지대에 있는 가족 농장에서 일하는 사람들과 미국의 아스팔트 정글에서 자란 펠리페 사이에 문화 차이는 컸지만, 모두가 같은 목표를 향해 나아가기로 결정하자 공감대가 빠르게 형성됐다.

"제가 이곳에 처음 왔을 때, 아마 저는 그분들이 본 것 중에 가장 낯선 것이었을 겁니다."

펠리페는 농담을 했지만 금세 진지해졌다.

"처음에는 꽤 힘들었습니다. 같이 일하는 사람들이 있었지만, 친구는 전혀 없었습니다. 시간이 지나면서, 그러니까 제가 브라질 전역을 돌고 우리 농장이 유명해지자 비로소 사람들이 다가오기 시작했습니다. 의욕이 넘치고 폭넓은 관점을 지닌 젊은 생산자들도 만났습니다. 그런 사람들에게는 친구처럼 의지할 때도 있었습니다."

펠리페가 2013년에 근처 농장들을 돌기 시작했을 때, 일부는 매우 낙후된 상태였다. 땅바닥에 놓인 작업대와 더러운 집, 주위를 맴도는 닭들, 산전수전 다 겪은 농장 사람들. 그때 미국에서 온 젊은이가 "힘냅시다. 함께 최고의 커피를 만듭시다"라고 했으니 그들의 반응은 펠리페가 기대한 것과 달랐을 것이다.

그해에 인사 정도만 하고 지내던 젊은 생산자인 클레이턴 바로사 몬테이루가 직접 로스팅한 커피를 들고 상파울루에 있는 펠리페의 스튜디오에 찾아왔다. 스튜디오는 펠리페가 커피 관련해 이런저런 실험을 하기 위해 만든 곳이었다. 이전 만남에서 클레이턴의 커피는 펠리페에게 큰 인상을 남기지 않았지만, 이번에는 함께 커피를 갈아 맛을 보았다. 굉장한 커피였다. 클레이턴이 무언가 제대로 일을 한 모양이었다. 우정은 문자 그대로 커피를 마시며 싹텄다.

"클레이턴은 20살 서퍼일 때 농장을 물려받아 지금은 40대입니다. 그의 삼촌이 커피 농사가 아주 쉽다고 했죠. 반 년만 일하면 반년은 휴가라고요. 클레이턴은 아직도 그 반년의 휴가를 누리지 못했다고 말했습니다"라며 펠리페가 씩 웃었다.

펠리페 자신의 이야기도 클레이턴의 이야기와 다를 바가 없다. 둘 다 젊은 나이에 도시에서 시골로 이주했고, 가장 가까운 도시는 최소한 30킬로미터 떨어져 있으며, 도로 사정도 좋지 않아 자동차도 다니기 힘들다.

"초창기에는 쉬는 날이면 말을 타고 가까운 도시에 가서 종일 술을 마시고 당구를 쳤습니다. 그러고는 다시 말을 타고 집으로 돌아왔지요. 클레이턴은 웃음을 터트리면서 자기도 비슷한 생활을 했다고 하더군요. 여기는 카우보이들의 땅입니다. 한번은 너무 취한 채로 집에 가려고 말을 타서는 농장에서 벗어나야겠다고 생각했습니다. 그때 상파울루에 커피 스튜디오를 만든 겁니다."

펠리페는 아무것도 모르는 미국 청년에서 강철처럼 단단한 커피 전문가가 되어 자신감을 갖기까지 먼 길을 걸어왔다. 오늘날 그의 의견은 인정받고, 전 세계 사람들이 그가 쓴 글을 읽는다. 실험실 역할을 하는 스튜디오 덕분에 커피에 관한 지식도 보다 폭넓게 쌓고 있다. 스튜디오는 펠리페와 동료들에게 상품 개발의 중심일 뿐 아니라 로스팅과 커핑을 하는 놀이터이기도 했다. 스튜디오는 펠리페가 처음 커피의 세계를 접한, 세인트루이스의 칼디스 커피와 비슷한 분위기였다. 턱수염을 기르고 타투를 한 젊은이들이 일일권장량을 훌쩍 뛰어넘는 양의 커피를 맛보고 있었다.

스튜디오는 상파울루 주택가의 멋진 공원 인근에 자리 잡고 있었다. 펠리페의 할아버지가 지은 이 실용적인 석조 건물은 얼핏 중상류층의 저택처럼 보였지만, 펠리페가 스튜디오를 열기 전에 살던 세입자들은 몇 차례 무장 강도 피해를 당했다. 펠리페와 리타 남매는 강도 피해를 막으려고 대형견 두 마리를 마당에 풀어놓았는데, 이 경비견들은 우리에게는 꼬리를 흔들고 축축한 콧등을 들이대며 환대했다. 집 한가운데에 있는 정원에는 몇몇 아라비카종 커피가 자라고 있었으며, 벽 너머에는 펠리페의 집과 로스터리 외에 농장의 재정과 행정 업무를 보는 사무실이 있다.

2018년 초봄, 이 책의 원고를 마무리하던 중 펠리페의 전화를 받았다. 그는 상파울루에서 로스터리와 스튜디오 등을 옮길 수 있는 완벽한 장소를 찾았다며 흥분했다.

"마침내 중요한 일에 집중할 수 있는 온전한 저만의 공간을 찾았습니다. 더 넓은 곳이니까 카페를 열어서 바리스타들이 기본 커피는 물론 아이스커피를 만들고, 차를 베이스로 한 칵테일, 디저트와 가벼운 식사를 내놓을 수도 있겠어요."

펠리페는 FAF를 떠올리게 하는 인테리어를 할 예정이라며, 흥미로운 이야기를 들려줄 소품들을 가져올 생각이다. 펠리페는 할아버지의 커피 정제소에서 사용한 목재 도구 등을 보관해두었다. 이 도구들은 이제 펠리페의 새로운 공간의 일부로 새 생명을 얻을 것이다. 로스터리와 카페 외에도 수출용 커피의 커핑과 교육을 할 수 있는 공간도 있다. FAF의 사무실은 복층으로 된 주방 위쪽 공간에 둘 계획이다.

펠리페가 대도시의 한가운데로 이사한 후에도 스튜디오에서의 진보는 멈추지 않았다. 2015년에는 상파울루 중심가에 스페셜티 커피에 중점을 둔 '이수 에 카페'를 열었다. 2년 후에는 그라피티가 가득해 관광객들에게 인기 있는 배트맨 골목Beco do Batman에 또 다른 카페를 열었다. 그라피티는 세계 각지에서 사람들을 불러 모았다. 우리는 불과 몇 시간 전에 셀카를 찍었던 곳에서 록밴드 롤링스톤스의 아이콘인

믹 재거가 포즈를 취한 것을 인스타그램에서 보고 놀라기도 했다.

그 후에 펠리페는 카페 두 곳을 모두 접었다. 배트맨 골목의 카페는 새로운 주인을 만나 스페셜티 커피문화를 선보이는 일을 계속하고 있다. 그동안 펠리페는 모든 에너지를 새로운 사무실과 함께 문을 열 세 번째 이수 에 카페에 쏟아 부었다.

상파울루에서 제3의 물결의 카페를 여는 것은 경제적으로 상당한 모험이자 유례없는 일이었다. 마실 만한 커피는 모두 수출하는 탓에 정작 세계 최대 커피 생산국인 브라질 국민들은 질 좋은 커피를 마시는 데 익숙하지 않기 때문이다. 동시에 이수 에 카페가 품질에 맞게 정한 값을 지불할 준비도 되지 않았다.

그렇지만 펠리페는 미국과 유럽에서 오래 시간을 보냈기에 커피업계에서 실현 가능한 성공적인 콘셉트가 어떤 것인지에 대한 명확한 상이 있었다. 한편, 상파울루는 다양한 문화를 지닌 넓은 시장이 있어서 좋은 커피를 만들 각오가 있는 사람에게는 큰 가능성이 있는 곳이다. 상파울루에는 세계 최대의 일본인 커뮤니티가 있으며, 일본 식당도 많다. 이탈리아 커뮤니티 또한 꽤 커서 커피 소비에 도움이 될 것이다. 그리고 새로운 유행이나 트렌드에 적극적인, 브라질 최대의 성소수자 커뮤니티의 존재 역시 성공을 보장하는 열쇠이다.

이수 에 카페의 영향력은 한국에 이미 콘셉트와 로고를 흉내 낸 카페가 생겼다는 데서도 드러난다. 악센트 기호의 위치는 다르지만 말이다. 펠리페는 우리가 방문했을 때 이 사실을 알게 되었는데, 친구가 인스타그램에서 익숙한 로고를 보고 공유한 것이었다. 롤모델이 된다는 것은 멋진 일이다. 하지만 팔로워도 자기만의 아이디어를 가진다면 더욱 멋질 것이다.

우리는 브라질 커피의 평판에 대해서도 이야기를 나눴다. 생산량에 중점을 둔 탓에 품질이 떨어져 브라질 커피는 그다지 인정받지 못한다. 그럼에도 브라질 커피는 전 세계에 알려져 있으며, 종종 에티오피아나 케냐 대신 커피의 원산지로 인식될 때도 있다. 펠리페는 지금까지 커피업계의 유명인사가 브라질 커피를 거들떠보지도 않았던 것을 분하게 여겼었다. 이를테면, 세상 사람들이 노랑, 녹색 등 브라질의 국기 색으로 포장된 모카 커피를 즐겼다고 해도 말이다. 그러나 펠리페가 관여한 지난 10년 사이 상황은 확연히 달라졌다.

"돌이켜보면 아무도 사지 않는 스페셜티 커피에 투

자하는 게 정신 나간 일로 여겨지던 때였습니다. 저도 처음에는 좋은 커피는 아프리카에서 사고, 싼 커피는 브라질에서 사려고 했었으니까요. 하지만 사람들의 생각이 바뀐 걸 느낍니다. 스웨덴의 요한 에크펠트와 노르웨이의 팀 웬델보가 우리 커피를 사고 홍보해주었습니다. 스페셜티 커피는 아직 새로운 산업이라서 사람들에게 이런 유명인사의 평가는 절대적입니다. 그들이 좋다고 하는 커피는 신뢰하죠. 그리고 좋은 브라질 커피를 더 많은 사람이 접할수록 편견이 사라질 가능성이 커집니다."

그러나 펠리페는 브라질의 압도적인 생산량 중 커핑 테이블에 오르는 커피는 아직 극소량이라는 점 또한 인정했다. 브라질의 이런 커피들이 판매량 상위권을 점하는, 등급이 낮은 원두로 만들어진 블렌드 커피의 단순한 맛을 감추는 데 쓰인다. 따라서 크로체 가족은 무엇보다도 고품질 유기농이라는 복음을 브라질의 생산자들에게 전하는 것이 중요하다고 생각한다. 세계 최대 커피 생산국인 브라질은 효율을 중시해 토양을 피폐하게 했고, 그로 말미암아 기후변화가 앞당겨져 불모의 땅으로 치닫고 있다. 생산자들은 유기농과 품질이 수확물의 더 높은 가격과 소규모 생산자에게 더 나은 소득을 보장한다는 것을 인식해야 한다.

이수 에 카페는 브라질 사람들에게 맛있는 커피가 무

엇인지 알려주는 좋은 장소다. 여기서는 그 어떤 것과도 타
협하지 않는 품질의 커피를 제공해, 커피의 차이를 확연히
느낄 수 있기 때문이다. 우리도 두 군데의 카페를 방문해 그
차이를 깨달았다. 이수 에 카페의 분위기는 중부 유럽의 어
느 트렌디한 카페 같았으며, 직원들은 매끄러운 서비스를 제
공했다. FAF의 생두를 펠리페의 스튜디오에서 로스팅하고
신선한 상태에서 이수 에 카페에서 제공하는 것으로 순환이
이루어지고 있었다.

한 농장이 재배부터 한잔의 커피가 되어 소비되기까
지의 모든 단계에 걸쳐져 있다는 것은 꽤 놀라운 일이지만,
톱니바퀴처럼 각 단계가 순조롭게 잘 맞물려 돌아가게 하는
크로체 가족의 노하우도 예사롭지 않았다. 펠리페 자신도 각
자 담당 분야를 책임지고 있는 가족의 특별함을 인정했다.

"어머니는 계속 친환경을 공부하시고, 아버지는 일생
을 장사꾼으로 살아오셨습니다. 형이 재정을 관리해서 가족
끼리 수출 전문 회사를 경영할 수 있었습니다. 그리고 가족
이니까 월급을 줄 필요도 없고요."

펠리페는 농담을 던졌지만 이내 설명을 이어갔다.

"가족들의 지원이 없었다면 이렇게 할 수 없었을 겁
니다. 처음 4년 동안은 월급을 올려줄 수도 없었습니다. 그래
서 우리를 따라할 수 있는 생산자는 많지 않습니다. 항상 적

절한 인력이 준비되어 있는 것은 아니니까요."

꾸준한 노력은 열매를 맺었지만, 펠리페는 농장의 유칼립투스 나무 그늘 아래 평상에 누워 쉴 생각이 전혀 없다.

"아버지는 항상 말씀하셨습니다. 높은 산에 오를수록 더 멀리 본다고요. 저는 산 정상에 오르고 싶습니다. 와인 농장에서는 생산자가 자기 와인을 보틀링해서 마십니다. 하지만 커피업계에서는 모든 단계를 접하는 일이 아주 드뭅니다. 유전학 공부를 시작하려고 생각 중입니다. 이 원두는 에스프레소가 되고, 저 원두는 콜드브루가 됩니다. 배움은 시간이 걸리지만, 나중에 어느 농장이든 가서 커피에서 어떤 맛이 나기를 원하냐고 묻고 그 사람들을 도울 수 있을 거라고 믿습니다. 어떤 품종은 이런 맛이 나고, 또 다른 품종은 다른 맛이 특징입니다. 어떤 품종은 이곳에서 잘 자라고, 저쪽 가장자리에서 잘 자라는 품종이 있습니다.

저는 다른 생산자들의 경작지 회복과 농장 운영, 정제 방법을 개선하도록 도울 수 있습니다. 우리는 어떤 효모가 있으며 그게 맛에 미치는 영향은 무엇인지, 정제 과정에 추가로 무엇을 할 수 있는지 연구합니다. 예를 들어, 케냐 품종을 특정한 방법으로 정제하면 어떤 커피가 나오는지 봅니다. 지금까지 커피는 짐작으로만 재배됐었습니다. 물론 상대가 자연이라는 것을 당연히 기억해야 합니다. 가끔은 비가 내리기도 하고 그렇지 않기도 하죠."

펠리페와 이웃 농장의 주앙 해밀턴은 좋은 파트너다. 그는 펠리페와 함께 세계 최고의 커피를 만들고 싶어 할 뿐 아니라 완벽한 커피를 탄생시키기 위해서라면 그 어떤 실험도 할 준비가 되어 있다. 우리는 우연히 이런 실험의 현장을 목격했었다. 늦은 밤, 주앙의 농장에서 FAF로 돌아오는 길이었다. 주위가 울창한 밀림이라 지그재그로 난 길에서는 자동차 헤드라이트를 켠 상태에서도 수 미터 앞이 보이지 않았다. 그런데 갑자기 펠리페와 주앙이 차에서 내려 헤드라이트 불빛에 의지한 채 길가에서 자라는 커피나무를 관찰하기 시작했다. 우리 커피 여행자들은 그저 어리벙벙하게 암흑 속을 바라보고 있었다. 원숭이가 떨어트린 씨앗에서 자란 나무였을까?

펠리페의 최종 목표는 생산자가 정확히 무엇을 어디에 심는지 알고, 세상의 모든 커피가 맛있게 추출되는 것이다. 또한 로스터리들과 원활히 협업해 모든 중간 단계가 같은 결과를 내도록 애쓰는 것이다. 향후 계획은 미국으로도 향한다. 북미 지역에 판매와 고객 응대에 중점을 둔 사무실을 여는 것을 목표로 하고 있다.

"개인적인 이유도 있습니다. 저는 미국인이자 브라질인이기에 두 문화를 모두 공유하고 싶지 어느 한쪽만 선택하고 싶지는 않습니다. 어느 한쪽에 오랫동안 살 수도 있지만, 만약 다른 쪽에도 거점이 있다면 오가는 게 편할 겁니다. 어느 한쪽에만 얽매이는 건 생각하지 않습니다."

그러고 보니 브라질과 미국 사이를 오가는 쌀먹이새에서 이 모든 이야기가 시작되었다.

선택의 여지는
없다

커피는 직간접적으로 우리의 생활에 영향을 미치고 있으며, 앞으로도 그럴 것이다. 우리는 지구 반대편에서 벌어지는 일에 눈을 감을 수 없다. 기후변화로 삶의 터전을 잃은 기후 난민의 미래가 우리와 상관없는 일이라고 말할 수 없다. 서양 국가들은 식음료 분야의 트렌드를 제시하고, 기술과 지속 가능한 발전의 선구자로서 큰 책임을 지고 있다. 지금 전 세계는 전쟁을 피해 도망치는 난민을 걱정한다. 그런데 세계 곳곳에서 식량과 물이 고갈되고 굶주림이라는 새로운 악몽에서 벗어나려 할 때 우리는 어떤 현실을 마주하게 될까? 그 악몽의 징조는 이미 나타나고 있다.

커피 소비는 증가하는 반면 재배 면적은 점점 줄어들고 있다. 동시에 이상기후로 폭우가 쏟아져 농경지가 침수되고, 커피체리는 썩어버린다. 병충해에 취약한 아라비카 재배 지역에서 수확이 줄고 재배 면적이 점점 줄어들자 생산자들은 재배하기 쉬운 로부스타를 선택하고 있으며, 지구 온난화로 커피녹병 같은 전염병이 점점 늘고 있다. 온난화가 진행되면 해충 또한 창궐한다. 로부스타는 아라비카에 비해 이런 병충해에 강하다.

제초제 라운드업의 돌이킬 수 없는 영향은 수년간 사용했던 사람들에게 불치병으로 나타나기 시작했다. 농장들은 가난에 지친 젊은 세대가 행복을 좇아 도시로 떠나면서 문을 닫고 있다.

커피는 고지대의 기후에서 잘 자라는 식물이다. 평균 기온이 오르면서 재배지는 자꾸만 높은 쪽으로 옮겨가는데, 어느 순간에는 하늘을 마주하게 된다. 이제 브라질에서 작물 재배지로 쓰이는 고지대에서 더 높은 곳은 찾아보기 힘들다.

캘리포니아대학교의 연구원 엘리사 프랭크는 자연재해로 시름이 깊은 멕시코의 커피 생산자를 인터뷰했다. 생산자들에 따르면, 한 세대에 걸쳐 강우의 양상은 가벼운 소나기에서 산사태를 일으킬 정도의 폭우로 변했다. 여기서 비롯된 습기로 커피나무의 잎과 열매가 익기도 전에 떨어지고 만다. 한편, 기온까지 널을 뛰어서 추위 때문에 성장이 느려

지고 더위 때문에 가지에 달린 열매들이 마른다. 커피나무의 개화는 48시간이다. 이 시간 동안 종잡을 수 없는 날씨가 이어진다면 수확 자체를 망칠 수도 있다.

　　앞서 언급한 자연현상은 아직 가벼운 수준이다. 허리케인 피해를 전하는 뉴스는 매년 전 세계적으로 꾸준히 늘고 있다. 산사태로 사라진 커피 농장은 절망적인 이야기의 일부일 뿐이다. 멕시코의 커피 생산자들에 따르면, 지금까지 경험하지 못한 이상 현상도 늘고 있다. 그럼에도 대기업 총수나 정치인들은 기후변화의 실재 자체를 부인한다. 대표적인 인물이 도널드 트럼프 미국 대통령이다. 뉴스를 보고 있으면 크로체 가족 같은 사람들은 기후변화로 점점 빨리 돌아가는 풍차에 달려드는 돈키호테 같다는 생각이 든다.

　　그러나 장기적인 관점에서 문제들을 모니터링하는 것은 간단하지 않다. 때로는 돌발적으로 일어나는 자연재해와 기후변화라는 큰 흐름을 구분하는 게 쉽지 않을 수도 있다. BBC 기자 데이비드 롭슨은 탄자니아에서 한 연구진이 수확량 감소와 기후변화 간의 명확한 연관성을 발견한 것을 예로 든다. 모니터링은 1960년대에 시작되었는데, 당시에는 1헥타르당 500킬로그램의 커피체리를 수확했다. 지금은 300킬로그램에 불과하다. 수확량 감소는 10년마다 섭씨 0.3도씩 오른 기온 상승의 직접적인 결과다. 또한 강수량이 줄어든

것도 영향을 미친 것으로 나타났다.

2080년, 커피는 멸종하지 않았더라도 소수의 사람들만 즐길 수 있는 별미로 대부분의 사람들에게는 과거의 기억이 되리란 전망이다. 커피 관련 기업의 경영진들조차 이런 우려를 공론화하고 있는데, 문제는 불확실한 미래 예측이 아니라 부인할 수 없는 내리막길이 시작되었다는 것이다. 커피가 멸종한다는 것은 대량생산된 아라비카를 기반으로 한 블렌드 커피도 없어진다는 점에서 더욱 두려워해야 할 일이다.

많은 사람이 기후변화를 막기 위한 행동을 시작했다. 예를 들어, 핀란드의 최대 커피 기업으로 발트해 연안과 러시아에도 진출한 파울리그는 2020년 말까지 기후에 미치는 영향을 40퍼센트 줄이겠다고 선언했다. 파울리그는 지속 가능한 발전을 위한 계획을 적극적으로 알리고, 재생에너지 사용률을 100퍼센트로 올리기 위해 헬싱키의 뿌오사리 로스터리를 바이오가스로 운용하고 있다. 동시에 로부스타종의 맛에 대해서도 조금씩 신중한 태도로 홍보하기 시작했다. 언제나 사업에는 플랜 B가 필요하기 때문이다.

이런 상황에서 유기농에 대해 열변을 토하는 게 비이성적으로 느껴질 수도 있다. 유기농은 생산자의 일을 보다 복잡하게 하기 때문이다. 어쨌든 가격은 올라갈 것이다. 생산자들에게는 로부스타의 무난함이 더 매력적으로 느껴질 것이다. 병충해와 기후에 강한 로부스타로 바꾸겠다는 사람을 말릴 수는 없다. 하지만 만약 모든 생산자가 유기농으로 전환한다면 기후변화의 앞날에 예상치 못한 결과를 가져올 수 있다. 유기농으로 건강해진 토양은 바다처럼 이산화탄소를 흡수하고, 농기계가 오가는 길을 확보하려고 열대우림을 불도저로 밀 필요도 없어질 것이다. 무엇보다도 모든 생산단계가 더 나아질 것이다. 쓴 벌크 커피 덕분에 만성위염에 시달리며 아이패드로 벌크커피의 상품거래소 가격을 신경질적으로 검색하는 사람들은 제외하고 말이다. 그들은 잘 지내지 못할 것이다. 하지만 이들은 유기농 이야기가 나오기 전에도 잘 지내지 못했으니 잊어버려도 된다.

　시장경제의 가장 미친 점은, 어떻게 해서든 수요에 부응한다는 점이다. 소비자의 구매 행동이나 가치관에 건전한 영향을 미치는 대신 말이다. FAF를 이끄는 마르쿠스가 제안한 것처럼 지금보다 더 적은 양의 더 좋은 커피를 마신다면 우리 소비자들은 대량생산된 벌크 커피보다 좋은 것을 사고 슈퍼마켓의 미끼상품인 벌크 커피를 사지 않게 될지도 모른다. 손님을 유인하는 데 대량생산된 커피가 사용될 경우 커피 생산 과정에 있는 모든 사람이 손해를 본다. 생산자와 유통업자, 로스터리, 슈퍼마켓 그리고 질적인 면에서 결국 우리들 소비자까지. 커피를 하루의 시작에 시동을 거는 연료라는 고정관념에서 벗어나 자신에게 맛있는 음료를 선물하는 소중한 순간이라고 생각한다면 우리는 올바른 길을 가고 있는 게 아닐까?

오늘날 우리는 이미 더 질 좋은 음식을 요구하고 건강과 유기농, 로컬푸드와 탄소발자국에 주의를 기울이고 있다. 그럼에도 우리라는 '기계를 작동시키려고' 어떤 흙탕물이든 커피 잔에 따른다.

우리가 잠깐이라도 멈춘다면 어떻게 될까?

커피의 탄소발자국 대부분이 집 안에서 발생한다고 생각하는 사람은 거의 없을 것이다. 하지만 쓸데없이 커피메이커를 켜두거나 필요 이상으로 커피를 추출하지 않는 것으로 탄소발자국을 줄일 수 있다. 국가별 커피 소비량 통계는 왜곡되어 있다. 판매된 중량을 국민 1인당으로 환산하기 때문인데, 실제로 마시는 양과는 전혀 다르다. 실제로는 다 마시지도 못할 만큼의 커피를 내려 커피메이커를 보온 상태로 두었다가, 결국 부엌에 점점 커피의 쓴 냄새가 퍼지면 남은 커피를 하수구에 흘려보낸다. 오늘날 프렌치 프레스와 모카 포트, 푸어 오버pour over(핸드드립) 같은 트렌디한 도구를 사용한다면 커피를 맛있게 마시고 싶은 만큼 낭비 없이 즐길 수 있다. 그러나 일회용 커피 머신, 이른바 캡슐 커피는 해결책이 아니다. 캡슐 커피는 가장 비윤리적으로 카페인을 즐기는 방법이다. 그 대신 재활용, 음식물 쓰레기, 플라스틱, 기타 쓰레기를 분리 배출하는 것은 커피뿐 아니라 기후변화에 맞서 싸우는 데 도움이 된다. 우리가 말하는 게 진부하고 이상주의적이며 순진하게 들릴지도 모른다. 그러나 커피 혁명은 우리 모두가 시작하는 것이다. 누군가는 먼저 방향을 제시해야 한다. 그리고 그것이 충분히 영향력이 있는 방향이라면, 그 결과는 엄청나다. 독일에서 두 번째로 큰 도시인 함부르크는 2016년 쓰레기를 줄이기 위해 공공기관에서 캡슐 커피 사용을 금지했다. 다른 주요 도시들도 함부르크의 뒤를 따랐으면 한다.

인간은 이기적이며 자신의 이익을 추구하는 종이다. 주주, 투자가, 기업 대표는 경제적 성공을 좇는다. 정치인은 권력을, 운동선수는 더 나은 성적을 바란다. 부모는 자녀가 안전한 환경에서 훌륭한 교육을 받게 하려고 노력한다. 그러나 사회적 계층이나 지위에 상관없이 사람들은 누구나 좋은 것을 저렴하게 얻고 싶어 한다. 저렴한 식품 가격에서 생산자의 몫은 얼마 만큼일지 생각하는 사람은 드물다. 반대로 터무니없는 대가를 받는 생산자가 자기 가족의 식탁에 놓을 음식을 사기 위해 어떤 일을 해버리고 마는지도.

커피와 출판업계에서 일하는 우리는 쉽게 사회비판적인 태도를 취하곤 했다. 정치인, 대기업과 다국적 기업에게 책임을 돌리는 건 쉽다. 맹목적인 탐욕과 단기적인 시각으로 빠른 이윤 추구를 목표로 하는 자본주의를 이렇다 할 대안과 건설적인 비판 없이 비난하는 건 무척 쉬운 일이다. 단순히 돌을 던지는 것만으로는 상황을 개선할 수 없고, 더군다나 세상을 구할 수도 없다. 문제의 진짜 원인과 결과에 집중하고 우리 모두 무엇을 해야 할지에 대한 정보도 공유해야 한다. 그러면 미래에도 커피를 즐길 수 있을 것이다. 그리고 사실 중요한 건 커피가 아니다!

궁극적으로 커피 혁명에서 중요한 것은 훨씬 거시적인 것들, 기후변화와 과시적 소비가 지구 전체에 미치는 지대한 영향력이다. 한마디로 인류의 미래에 관한 것이다. 우리의 소비 행동이 우리 증손자들이 깨끗한 물과 음식을 얻을 수 있을지에 결정적인 열쇠가 된다. 이는 마르쿠스가 아메리칸드림을 좇던 시절을 회상하며 말한 것과 똑같다. 성공이라는 허상을 남겨두고 브라질로 돌아와서 자기 자신과 마주한다. 별로 필요하지도 않는 것을 찾는 대신 자기 땅에서 얻을 수 있는 깨끗한 먹거리와 다음 세대를 위해 자연을 보호한다. 마르쿠스의 선택은 자명했다.

2011년, 제1회 런던 커피 페스티벌이 열렸다. 축제는 성황리에 끝나 이어서 뉴욕과 암스테르담에서도 열렸다. 7년이 지난 지금, 세계 각지에서 커피 축제가 벌어지고 있다. 이 축제들이 제3의 물결의 발전과 사람들의 정보 공유에 큰 영향을 미쳤다. 커피 축제는 최신 트렌드와 네트워킹으로 가득하다. 또한 지속 가능한 발전에 대한 논의도 뜨겁다. 축제는 즐거운 행사지만, 최근 몇 년간은 커피의 미래와 지속성에 관한 두려움으로 어두운 그림자가 드리워졌다.

2017년 10월의 뉴욕 커피 페스티벌은 여러모로 흥미로운 경험이었다. 대도시의 거리에는 소규모 로스터리와 카페가 아주 많았다. 그들을 보면서 희망이 있다는 강한 느낌을 받았다. 하지만 아직 갈 길이 멀다. 예를 들어, 미국의 커피 인구는 일회용 컵 등의 사용을 극적으로 줄여야 하며, 기업은 손해를 보더라도 생분해성 컵과 뚜껑 연구개발에 투자해야 한다. 일회용 용기의 사용을 줄이는 것은 중요한데, 생분해성 플라스틱도 재활용 측면에서는 문제가 되고 있기 때문이다. 더 많은 나라가 관련 법안과 효과적인 재활용 시스템을 도입할 필요가 있다. 그렇지만 지금 방향은 나쁘지 않다. 커피가 모든 식품 생산과 소비의 방향을 제시하는 것이다.

미국에서 스페셜티 커피의 시장 점유율은 어느새 50퍼센트에 달한다. 대량생산되는 인스턴트커피용 생두는 이제 스페셜티 커피와의 경쟁에 사활을 걸어야 하는 상황이다. 물량으로 밀어붙이기나 마케팅 전략으로는 소비자도 속지 않는다. 기업도 소매를 걷어붙이고 생산 방법이나 생산자의 노동환경 같은 정말 중요한 일에 주의를 기울여야 한다. 저렴하면서도 좋은 커피는 환상이다. 그런 커피가 만들어지는 어느 단계에서 누군가는 언제나 손해를 본다.

　뉴욕 커피 페스티벌에 참가한 로스터리는 대부분 직거래와 생산지 추적 가능성, 윤리와 환경에 관해 이야기했다. 자연히 품질을 앞세웠다. 그런데 대화를 해보니 자신이 내놓은 커피의 이력, 즉 누가, 어디서, 어떻게 재배하고 가공했는지를 아는 사람은 꽤 드물었다. 이는 우리 소비자들이 지속 가능한 커피를 요구하기 때문에 대형 로스터리들이 인증을 받는 것과 비교할 수 있을 것이다. 그렇다면 둘 다 단순히 마케팅과 홍보의 문제일까? 아니면 그 배경에 세상을 더 좋게 만들고 싶다는 생각도 있을까? 규모가 작은, 막 첫 발을 뗀 기업이 마케팅 메시지에 소비자에게 현란한 수사를 사용해 기업의 성장과 경제적 이익을 추구하는 것은 어느 정도 이해할 만하다. 성장하지 못하고 성공하지 못하면 시장에서 자신의 목소리를 내기 어렵다. 그렇다면 영향력을 행사할 수도 없다.

　하지만 규모가 큰 어느 정도 경제적으로 자립을 이룬

로스터리에는 기업 책임을 물어 자발적 참여를 요구할 수 있다. 제품 인증은 그 첫걸음으로 높이 평가하고 존중해야 한다. 인증을 받는 데는 비용이 들고 제품의 가격도 오르지만, 이 비용들을 항상 소비자 가격에 직접 적용할 수는 없기 때문이다. 이는 로스터리의 경제적 성과에도 영향을 미치므로 어떻게 보면 기업의 희생 또는 지속 가능한 발전을 위한 노력이라고 할 수 있다. 하지만 단순히 인증을 받았다는 데 만족해서는 안 된다. 우리는 다음 단계를 요구해야 한다. 경제적으로 위험성을 갖고 있다 하더라도 말이다. 공장형 농업에서 유기농으로의 이행은 시행착오를 통해 배우는 여정으로 결국 목표하는 바가 분명히 보일 것이다. 비록 경제적 성과가 일시적으로 악화하더라도 지속 가능한 활동은 수십, 수백 년 동안 끊임없이 성장하며 결실을 맺는다. 여기서도 완벽한 예로 크로체 가족의 FAF를 들 수 있는데, 여러 세대를 거치며 이루어진 개선 작업은 노동자를 대하는 법부터 직거래 및 유기농 분야에 이르렀다.

　　더 좋은 단가와 매출을 바라고 유기농으로 전환한다고 해도 실상은 그리 간단하지 않다. 마르쿠스에 의하면, 토양이 수십 년간 화학비료 등으로 오염되어 비옥한 토양이 진흙으로 변했다면 화학비료 사용을 멈추는 것만으로는 충분하지 않다. 그는 인내와 헌신, 진짜 지식이 필요하다고 여러 번 강조했다.

"유기농으로 전환할 때는 우선 진흙을 본래의 흙으로 되돌려놓아야 합니다. 우리는 그렇게 하는 데 12년이 걸렸습니다. 그만큼의 시간을 들여 배웠습니다. 어떻게 새로운 생명을 탄생시키는지를 공부했습니다. 한순간의 눈속임이 아닌 계속 살아남을 무언가를 말입니다."

지속 가능한 발전에 관한 기업들의 노력은 주체적으로 이루어져야 하며 명예로운 일이어야 한다. 공공을 위해 희생한 기업의 노력은 역사에 길이 남을 것이며 그에 상응하는 보답을 받을 것이다. 커피업계에는 지속 가능한 발전을 실현하는 과정에서 무고한 희생이 없는 성공 사례가 많다.

사실 기업가들도 투표를 하고 세제나 국가의 기업 지원 방식을 비판함으로써 영향력을 행사할 수 있다. 그러나 '올바른 자본주의'가 그보다 훨씬 빠르고 강력하다. 만약 상품 자체가 좋고 콘셉트가 괜찮다면 금세 유명해진다. 여러 가지 사례가 있다. 테슬라의 창업자 일론 머스크는 세상에서 가장 영향력 있고 논란이 많은 정치인의 자문 역할을 했다. 애플을 창업한 스티브 잡스는 아주 영향력이 큰 사업가로, 대중은 그를 추종하며 그가 제품에 어떤 가격을 매기더라도 구매했다. 잡스는 또한 정치인을 비롯해 여러 영향력 있는 사람에게도 인기가 있었다. 또한 크로체 가족 또한 좋은 예이다. 마르쿠스는 FAF의 커피가 국제적으로 성공을 거두자 지역 정치인들에게 수원 보호의 중요성을 설파하고, 지속 가능한 발전을 추구하는 농업의 사회적·환경적 이점을 알리는 데 성공했다. 이로써 그가 주위의 인정과 지지를 얻어 크로체 가족의 활동에 신뢰도가 높아졌고, 다른 생산자들의 참여 역시 수월해졌다.

　　세상은 계속해서 변한다. 2017년 가을, 글로벌 제약 기업 바이엘은 세계 최대 농약 제조사인 몬산토를 인수했다. 바이엘과 몬산토는 각각 다국적 기업으로 두 최대주주의 출신 국가 예산보다 자금력이 크다. 이 전능한 기업들의 힘은 무서울 정도다. 이들은 과학 분야의 연구 개발에 자금을 지원하므로 연구의 방향성은 물론 연구결과 발표에서도 기업 이익에 부합하게끔 정보를 선별하는 영향력을 행사할 수 있다. 기업이 이렇게까지 거대해지면 개인의 특성, 양심, 자신들의 이름과 가문의 명예를 지킬 필요성을 느끼지 못한다. 소비자가 제품과 그 제조 기업의 주주들이나 그 관계에 대한 정보를 얻는 것은 규모가 커질수록 어렵기 때문이다. 또 제품은 큰 카테고리 안에서 여러 브랜드로 마케팅되고 있어서 해당 기업의 전체적인 상을 파악하기 어렵다.

　　소비자들의 구매 패턴이 변하자 식품 대기업들은 돈

다발을 들고 더 작고 트렌디한 기업 인수에 나섰다. 경쟁자를 시장에서 확실히 몰아내려는 곳도 있을 것이고, 이미지 개선이 목표인 곳도 있을 것이다. 부디 기업 인수의 목적이 더 젊은 기업들로부터 무엇인가 배우는 것이기를 바란다.

독일의 가족기업 JAB 홀딩스는 수백억 유로를 커피 관련 기업에 투자해 불과 몇 년 만에 세계 최대 커피 바이어가 되었다. 2017년 가을, 제3의 물결의 선구자인 블루보틀 커피가 인스턴트커피와 알루미늄 용기의 캡슐 커피로 많은 비판을 받았던 네슬레에 지분 68퍼센트를 매각해 업계 전체를 놀라게 했다. 바로 몇 주 후에 네슬레는 콜드브루 커피로 유명한 미국의 카멜레온 콜드브루Chameleon Cold-Brew를 인수했다. 네슬레의 기업 인수는 여기서 끝나지 않았다. 2018년 봄, 이 스위스의 식품 대기업은 스타벅스 커피를 전 세계의 슈퍼마켓과 레스토랑에서 독점으로 판매할 권리를 얻었다. 네슬레의 목적은 스타벅스가 부동의 1위를 차지하는 미국 커피 시장에서 입지를 다지는 데 있다. 로이터통신에 따르면, 네슬레는 새로운 최고경영자 울프 마크 슈나이더의 지휘로 트렌디한 뉴웨이브 기업들로 포트폴리오를 구성해 젊은 소비자를 겨냥하고 둔화된 매출 진작에 나서겠다고 밝혔다.

식품업계의 또 다른 대기업인 유니레버도 새로운 트

렌드를 간과하지는 않았다. 2017년 가을, 스타벅스의 차 브랜드 타조Tazo를 3억 8,000만 달러에 인수했다. 유니레버가 조만간 같은 체급에서 싸우는 라이벌에 대응하기 위해 커피 분야도 정비할 것인지는 두고 볼 일이다.

이런 기업 인수와 합병은 세계의 유명 기업조차 품질 좋고 지속 가능한 커피의 시장 가능성을 보고 있음을 보여준다. 한편으로는 인증 프로그램과 기존의 비즈니스 모델을 쇄신할 필요가 있음을 역설한다. 우리는 기업 인수의 배경에 트렌드를 따라가거나, 기업 이미지를 개선하거나, 변화하는 시장에서 우위를 차지하려는 욕망이 아니라 세상을 더 좋은 방향으로 바꾸려는 진정성이 있기를 바란다.

우리 소비자들이 무엇을 알고 어떻게 생각하느냐에 따라 기업의 성공과 운영 방식이 좌우된다. 어떤 물건을 선택할지, 어디에 돈을 쓸지 등 우리의 행동으로 영향력을 행사할 수 있으며 올바른 의사결정으로 세상을 좀 더 좋게 바꿀 수 있다.

결국, 우리 한 사람 한 사람이 모든 책임을 진다. 하지만 문제될 것은 없다. 고통스러울 정도로 너무 많은 돈을 지불하거나 굶주림을 겪거나 무엇인가 좋은 것으로부터 제외되는 일은 없다.

전 재산을 다 내놓고 굶주림을 겪거나 여러 가지 즐

거움을 잃으라는 것이 아니다. 반대로, 우리가 조금만 더 소비를 줄이면 펠리페가 말한 소비의 진화론에 따라 인생을 좀 더 나은 방향으로 향하게 할 수 있다. 더 깨끗하고 더 건강하고, 알맞은 양에 집중할 수 있는 세상으로 말이다. 세상의 방향은 바뀌어야 하며, 우리 한 사람 한 사람에게는 같은 곳을 바라보며 행동해야 할 힘과 책임이 있다.

지금이라면 아직 늦지 않았다.

우리는 헬싱키로 돌아가는 비행기를 타기 위해 FAF
를 떠나 상파울루까지 하루를 꼬박 걸려 이동했다. 남미 스타
일의 시간표는 참고만 될 뿐, 출발은 이미 애초 계획보다 몇
시간이나 지연되었다. 타오르는 태양 아래 조금 멜랑콜리한
기분을 느끼면서 마지막 인터뷰와 사진 촬영을 했다. 우리가
SUV 자동차에 타려고 할 때마다 일이 생겨 펠리페는 농장의
반대편으로 사라졌다.

마침내 출발 시간이 다가오자, 마르쿠스는 우리를 껴
안고서 눈물을 흘리기 때문에 작별 인사를 싫어 한다고 말했
다. 선물로 농장의 커피와 꿀, 에나멜로 된 FAF 머그컵을 받았
다. 실비아는 다음번에는 오롯이 휴가를 보내러 오라며 요가
피정을 권했다. 살짝 미소를 띤 실비아의 눈가가 촉촉했다.

차를 타고 가면서 몇 시간 더 펠리페를 인터뷰했다. 이 책에서는 크로체 가족 전체와 FAF의 역사가 중요한 부분을 차지하는데, 그중에서도 펠리페의 이야기는 특별하다. 그는 FAF의 미래를, 나아가서는 커피업계 전체의 장래를 짊어진 젊은 세대이기 때문이다. 시작할 용기만 있다면 시행착오를 통해 배운다고들 한다. 펠리페는 처음 농장으로 이주했을 때 어디서부터 시작해야 할지 몰랐다. 하지만 실패를 거듭하면서 많이 배우고 경험을 쌓았다. 무엇보다 귀감이 되는 점은, 그가 그렇게 쌓은 지식을 모든 사람에게 공유한다는 것이다. 지속 가능한 발전의 핵심은 자신의 노하우를 나누는 것이다. 우리도 2015년에 점심을 먹으며 커피 혁명에 관한 책을 계획할 때는 어디서부터 시작할지 몰랐다. 그리고 지금은 이렇게 우리의 생각을 당신과 나누고 있다.

마르쿠스가 말하고자 하는 바는 이렇다.

"좋은 일을 하면 좋은 기분이 듭니다."

당신이 마시는 커피가 어디서 오는지 아는 것으로, 좋은 생산자들이 보상을 받는다.

커피 혁명의 씨앗은 바로 여기에 있다.

KAHVI-
VALLAN-
KUMOUS

인터뷰

마르쿠스와 펠리페 크로체 2015. 8. 28.~8. 29. 스웨덴 스톡홀름
렌나르트 클럭스 2016. 4. 22. 핀란드 헬싱키
펠리페 크로체 2017. 5. 21. 브라질 상파울루
마르쿠스 크로체 2017. 5. 23. 브라질 모코카
실비아 바헤투 2017. 5. 24. 브라질 모코카
펠리페 크로체 2017. 5. 25. 브라질 모코카
라스 필렌그림 2017. 5. 25. 브라질 모코카

이메일 인터뷰

요안나 알름 2017. 5. 10.
조지 H. 하월 2017. 5. 10.
아니타 락센 2017. 8. 28.
그라시아노 크루즈 2017. 9. 10.
제러미 토츠 2017. 9. 18.

책

래니 킹스턴, 『완벽한 커피 한 잔: 원두의 과학』(푸른숲, 2017)

Petri Nieminen & Terho Puustinen, 『Kahvi – Suuri suomalainen intohimo』 (Tammi, 2014)

기사

Arja Kivipelto: Suomeakin vaivaa pölytysvaje, sanoo tutkija – maailman ruokahuolto on vaarassa, kun yhä useampia pölyttäjiä uhkaa sukupuutto. 《Helsingin Sanomat》 2017. 9. 18.

Marjukka Liiten: Finnwatch: Suomessa myytävien tunnettujen merkkien kahveja tuotetaan lapsityövoimalla – Paulig ja Meira kiistävät osan ongelmista. 《Helsingin Sanomat》 2016. 10. 18.

Minna Nalbantoglu: Kahvi uhkaa loppua, jos ilmastonmuutos etenee – "Tämä on dramaattisen vakavaa". 《Helsingin Sanomat》 2017. 3. 28.

Andres Schipani: Coffee sustainability: Brazilian farmer battles the stigma of bulk. 《Financial Times》 2017. 9. 24.

인터넷 (링크 최종 검토일 2018. 6. 11 — 지은이, 2021. 3. 22 — 편집자)

https://agricolaverkko.fi/review/pensaasta-kuppiin

http://archive.hasbean.co.uk/brazil-organic-fazenda-santa-terezinha-cup-of-excellencespecial__11292

http://blog.wmf-coffeemachines.uk.com/coffee-consumption-around-the-world

http://environmentalscience.oxfordre.com/view/10.1093/acrefore/97801993894 14.001.0001/acrefore-9780199389414-e-224 (페이지 삭제)

http://reilukauppa.fi

http://www.bbc.com/future/story/20150728-coffee-the-bitter-end-of-our-favourite-drink

http://www.bobolinkcoffee.com

http://www.fafbrazil.com

http://www.fairtrade.org.uk/Farmers-and-Workers/Coffee

http://www.ico.org

http://www.longmilescoffeeproject.com

http://www.maaseuduntulevaisuus.fi/ihmiset-kulttuuri/artikkeli-1.214826

http://www.maaseuduntulevaisuus.fi/ruoka/artikkeli-1.214731

http://www.talouselama.fi/uutiset/huonoja-uutisia-kahvin-ystaville-maailmaan-tarvittaisiintoinen-brasilia-6001971

https://allianceforcoffeeexcellence.org

https://old.danwatch.dk/en/undersogelse/bitter-kaffe

https://utz.org

https://worldcoffeeresearch.org

https://www.coffeeandcocoa.net/2016/04/08/report-describes-slavery-like-conditionsbrazilian-supply-chain/ (페이지 삭제)

https://www.finnwatch.org/fi/uutiset/411-lapsityoevoiman-hyvaeksikaeyttoeae-ja-surkeitapalkkoja-suomessa-myytaevaen-kahvin-takana

https://www.finnwatch.org

https://www.hs.fi/talous/art-2000005556245.html

https://www.is.fi/taloussanomat/art-2000001922025.html

https://www.fingo.fi/ajankohtaista/uutiset/kahvi-ja-kehityssertifiointijarjestelmia-vaivaa-messiaskompleksi

https://www.rainforest-alliance.org

https://www.statista.com/topics/1670/coffeehouse-chain-market

https://www.theguardian.com/global-development/2016/mar/02/nestle-admits-slave-labour-risk-on-brazil-coffee-plantations

https://www2.lehigh.edu/news/fair-trade-new-study-by-kelly-austin-exposes-unequal-exchange-in-coffee-trade

https://yle.fi/uutiset/3-9590902

https://yle.fi/uutiset/3-9880517

커피가 세상에서
사라지기 전에

기후변화와 커피의 미래

초판 1쇄 발행 2021년 4월 15일
초판 2쇄 발행 2021년 11월 12일

지은이 페트리 레파넨·라리 살로마
옮긴이 정보람
편집 한정윤
펴낸이 정갑수

펴낸곳 열린과학
출판등록 2004년 5월 10일 제300-2005-83호
주소 06691 서울시 서초구 방배천로6길 27, 104호
전화 02-876-5789
팩스 02-876-5795
이메일 open_science@naver.com

ISBN 978-89-92985-81-9 (03300)

잘못 만들어진 책은 구입하신 곳에서 바꾸어 드립니다.
값은 뒤표지에 있습니다.
열린세상은 열린과학 출판사의 실용·교양 브랜드입니다.